Un espace dans un livre. Une interprétation en images construite à partir des œuvres de DOMINIQUE GONZALEZ-FOERSTER, *jusqu'ici jamais vues par l'auteur, sinon imaginées à travers le filtre d'une influence persistante: la science-fiction. Les couleurs correspondent à des mondes de science-fiction, passages de films ou de livres, de poèmes ou de conversations entre écrivains. Chaque image est le reflet d'une œuvre, la combinaison de plusieurs couleurs, l'agencement de plusieurs mondes.*

P 2–3

Gold

avec ANGE LECCIA

2000

P 4–5

Ann Lee in Anzen Zone

2000

P 6–7

Cosmodrome

avec JAY – JAY JOHANSON

2001

P 8–9

Exotourisme

avec CHRISTOPHE VAN HUFFEL

2002

P 10–11

Park – Plan d'Évasion

2002

P 12–13

Satellite Blue Palace

avec CHRISTOPHE VAN HUFFEL

2003

P 14–15

Atomic Park

2004

NOTES

Rouge. Commence, éphèbe, par comprendre l'idée ¶ De cette invention, ce monde inventé, ¶ L'inconcevable idée du soleil. ¶ Il te faut redevenir un homme ignorant ¶ Et voir le soleil à nouveau d'un œil ignorant ¶ Et le voir clairement dans son idée. ¶ Ne pose jamais un esprit inventeur à la source ¶ De cette idée, ni ne compose pour cet esprit ¶ Un maître volumineux blotti dans son feu. ¶ Si pur est le soleil quand on perçoit son idée, ¶ Lavé dans la si lointaine pureté d'un Ciel ¶ Qui nous a expulsés, nous et nos images…
WALLACE STEVENS, extrait du poème « Elle doit être abstraite » (1942), traduit de l'américain par Christian Calliyannis, *La Suprême Fiction de Wallace Stevens*, Paris, L'Harmattan, 2001

Blanc. TENN. C'est un tableau brillant des choses à venir, avec happy end et fondu. Il est vrai que nous vivons dans une époque d'émancipation sociale et de révolution scientifique inégalées, une période grouillante de toutes les séductions que vous décrivez. Mais je crois qu'elle sera, à maints égards, pleine de redites de notre présent et de notre passé, quoiqu'il nous soit impossible à ce jour d'imaginer exactement en quoi. Il y a plus d'un siècle, Thoreau écrivait: « La masse des hommes mène des vies d'un tranquille désespoir. » Certes, le monde a considérablement changé depuis lors, mais la masse des hommes continue de même.
STURGEON. Je ne peux m'empêcher de trouver un peu agaçants tous ces pronostics sur le fait que, au sein d'une immense société automatisée, nous serions amenés à poursuivre toujours aussi stupidement nos vies; c'est faux tout simplement, car nous ne serons plus les mêmes une fois la chose advenue.
TENN. Tu as la foi, Ted, et c'est quelque chose que je respecte. Mais en ce qui concerne la race humaine, je suis persuadé que la foi est ce qui maintient les montagnes fermement en place. Il va falloir admettre ce simple fait sur le progrès: que chaque avancée que nous serons susceptibles de faire sera une avancée qui pourra être prostituée à des fins mauvaises ou vulgaires. Ce sera le cas tant que l'homme restera ce qu'il est. Et je n'ai pas remarqué que l'homme a changé.
HEINLEIN. Il est vrai que l'humanité est encore barbare et ignorante. Mais je ne suis pas d'accord avec toi, Bill, quand tu dis que nous sommes destinés à rester aussi ignorants. J'attends de nos descendants qu'ils surpassent nos plus grands accomplissements, au moins autant que nous avons surpassé ceux des hommes des cavernes.
BUDRYS. Tu donnes de nos destinées une image presque trop belle pour être vraie, Bob. Mais je ne doute pas que tout se passera plus ou moins comme tu le prédis. Cette période nous a menés en soixante ans de Kitty Hawk à Vénus et elle semblera un jour à la plupart des hommes du futur une époque de stagnation. Mais le futur arrive à chaque instant, que nous le voulions ou non.
BRADBURY. Je crois que ce vers quoi nous tendons est l'idée que nous sommes partie prenante d'une extraordinaire explosion des sens. L'essentiel est que la race humaine est en marche, et nous, égoïstement, en tant qu'écrivains, rêvons depuis longtemps à ce mouvement et nous ne pouvons cacher notre euphorie à l'idée du rôle que nous jouons dans ce voyage vers la découverte de nous-mêmes. Nous savons si peu de chose. Mais nous savons ceci, de manière irrévocable: nous aimons la vie et nous aimons vivre, nous haïssons la mort et les ténèbres. L'amour de la lumière et du mouvement, la peur de l'obscurité et de l'immobilité sont tout ce que nous avons besoin de savoir pour l'instant. Le reste viendra. Nous le découvrirons en chemin.
POUL ANDERSON, ISAAC ASIMOV, JAMES BLISH, RAY BRADBURY, ALGIS BUDRYS, ARTHUR C. CLARKE, ROBERT A. HEINLEIN, FREDERIK POHL, ROD SERLING, THEODORE STURGEON, WILLIAM TENN, A.E. VAN VOGT, « The Playboy Panel: 1984 and Beyond », *Playboy* (juillet–août 1963), traduit de l'américain par Aude Tincelin

Bleu. Le métal vient de la terre, se disait-il en examinant l'objet. Il vient d'en dessous: de ce domaine qui est le plus bas, et le plus dense. Un monde de trolls, de cavernes, d'humidité, toujours plongé dans les ténèbres. Un monde yin, sous son aspect le plus mélancolique. Un monde de cadavres, de décomposition, de désagrégation. D'excréments. Tout ce qui est mort tombe là et se désagrège par couches. Le monde démoniaque, l'immuable; le temps-qui-fut. ¶ Et cependant, à la lumière du soleil, le triangle d'argent brillait. Il réfléchissait ses rayons. Feu, se dit M. Tagomi. Un objet ni humide ni obscur. Ni lourd ni inerte, mais vibrant de vitalité. Le royaume d'en haut, l'incarnation du yang: l'empyrée, l'éther. Comme il convient à une œuvre d'art. Oui, c'est un travail d'artiste: il extrait la roche des ténèbres silencieuses du sol, il la transforme en cet objet brillant qui réfléchit la lumière du ciel. ¶ Il a animé ce qui était mort. Le cadavre transformé en vision féerique; le passé a cédé la place à l'avenir. ¶ Lequel des deux es-tu? demandait-il à la spirale d'argent. Le yin sombre et mort ou le yang brillant et vivant? Dans sa main, la spirale d'argent dansait et l'aveuglait; il loucha et ne vit plus que le jeu du feu. ¶ Corps yin, âme yang. Le métal et le feu unifiés. L'extérieur et l'intérieur; un microcosme dans le creux de ma main.
PHILIP K. DICK, *Le Maître du Haut Château* (1962), traduit de l'américain par Jacques Parsons, Paris, J'ai lu, coll. « Science-fiction », 1970, pp. 282-283

Noir. Sous un doux ciel d'équinoxe, la lumière du matin s'étalait uniment sur le béton blanc de la terrasse située devant l'entrée du planétarium. Tout près, des bassins de boue séchée figuraient l'image inversée du dôme abîmé du planétarium et des seins érodés de Marilyn Monroe. Presque totalement cachés par les dunes, les immeubles n'offraient aucun signes d'activité. Tallis attendait à la terrasse déserte du café, près de l'entrée, grattant avec une allumette les fientes de mouettes tombées par les interstices des stores déchirés sur les tables de métal bleu. Il se leva lorsque l'hélicoptère apparut dans le ciel.
J.G. BALLARD, *La Foire aux atrocités* (1969 et 2001), traduit de l'anglais par François Rivière, Auch, Tristram, 2003, p. 52

Violet. Les motifs se transforment, se fondent d'image en image, et nous fonçons à toute allure. Les circuits défilent sur les côtés, grossissent, puis l'image se fond dans l'obscurité, alors qu'une sphère couverte de circuits apparaît sous nous, rayonnant et tournoyant comme la sphère du logo d'AIC. Nous fonçons vers elle en plongée, tournons autour d'elle, nous rapprochant à tel point que le détail de la sphère se précise à chaque instant et que nous réalisons que les circuits forment des structures, des tours et immeubles anguleux, des montagnes et déserts immenses, à l'apparence mécanique et couverts d'une grille luminescente. Tout irradie d'une énergie interne. Nous continuons notre plongée, toujours plus bas, toujours plus vite et nous voyons au-delà des plateaux et falaises électroniques les structures d'une zone qui ressemble à une ville, et soudain nous sommes juste au-dessus de cette zone et nous piquons droit vers le fond; tout se voile avec la vitesse.
STEVEN LISBERGER et BONNIE MACBIRD, extrait du scénario de *Tron*, film de Steven Lisberger (1982), traduit de l'américain par Aude Tincelin

Jaune. Une phalène battit des ailes – non, c'était le ruban du ventilateur. Le bourdonnement cessa, reprit. Je ne voyais plus la fenêtre, tout se confondait dans l'obscurité. Un rai lumineux, tombant de je ne sais où, traversa l'espace et s'attarda devant moi – sur le mur, ou sur le ciel noir? Je me rappelai combien le regard vide de la nuit m'avait effrayé la veille au soir; je souris de ma peur. Je ne craignais plus ce regard. Je ne craignais rien. Je soulevai mon poignet et je consultai la couronne de chiffres phosphorescents. Une heure encore et ce serait l'aube du jour bleu.
STANISLAS LEM, *Solaris* (1961), traduit du polonais par Jean-Michel Jasienko, Paris, Gallimard, coll. « Folio science-fiction », 1966, p. 141

Rose. La blancheur des feuillets me blessait les yeux. Ce jour nouveau était différent du précédent. Dans la tiède clarté du soleil orangé, des brumes rousses planaient au-dessus de l'océan noir à reflets sanglants et voilaient presque constamment d'un écran empourpré les vagues, les nuages, le ciel. A présent, le soleil bleu transperçait d'une lumière de quartz le tissu imprimé de fleurs. Mes mains hâlées paraissaient grises. La chambre avait changé; tous les objets à reflets rouges s'étaient ternis, avaient viré au gris-brun, alors que les objets blancs, verts et jaunes avaient acquis un éclat plus vif et semblaient émettre leur propre lumière. Clignant des yeux, je risquai un autre coup d'œil par la fente du rideau. Une étendue de métal fluide vibrait et palpitait sous un ciel de flammes blanches. Je baissai les paupières et je reculai. Sur la tablette du lavabo (dont le bord était ébréché), je trouvai une paire de grosses lunettes noires; elles me recouvrirent la moitié du visage. Le rideau irradiait maintenant une lumière de sodium. Je continuai à lire, ramassant les feuillets et les disposant sur l'unique table demeurée utilisable.
STANISLAS LEM, *Solaris, op. cit.*, pp. 48-49

Orange. C'est agréable? ¶ Oui. Monsieur. Vous ne voulez pas entrer? Et votre couleur préférée? ¶ Orange. Je suppose. ¶ La musique? ¶ Classique. Un classique léger. ¶ Je suis sûr que vous apprécierez.
HARRY HARRISON et STANLEY R. GREENBERG, extrait du scénario de *Soleil vert*, film de Richard Fleischer (1973), traduit de l'américain par Aude Tincelin

Vert. La végétation de l'île est abondante. Des plantes, des pâturages, des fleurs – de printemps, d'été, d'automne, d'hiver – se succèdent à la hâte… avec plus de hâte à naître qu'à mourir, les unes envahissant le temps et la terre des autres, s'accumulant irrépressiblement. En revanche, les arbres sont malades ; ils ont les cimes sèches, les troncs exagérément épais. J'y vois deux explications; ou bien les herbes sont en train d'épuiser le sol, ou bien les racines des arbres ont atteint la pierre (le fait que les arbres nouveaux sont bien venus paraît confirmer la seconde hypothèse). Les arbres de la colline ont tellement durci qu'il est impossible de les travailler; on ne peut davantage tirer quoi que ce soit de ceux d'en bas; la pression des doigts les défait et il reste dans la main une sciure poisseuse, une bouillie d'éclats. ¶ Dans la partie haute de l'île, creusée de quatre ravins herbeux (les ravins de l'ouest sont plus rocheux), se trouvent le musée, la chapelle, la piscine. Les trois constructions sont modernes, anguleuses, unies, d'une pierre brute. La pierre, comme si souvent, a l'air d'une mauvaise imitation et ne s'harmonise pas très bien avec le style. ¶ La chapelle est une sorte de caisse oblongue, aplatie (ce qui la fait paraître très large). La piscine est bien construite mais, comme elle ne dépasse pas le niveau du sol, elle s'emplit inévitablement de vipères, de crapauds, gros et petits, et d'insectes aquatiques. Le musée est un vaste édifice à trois étages, sans toiture apparente, avec une galerie en façade et une autre, plus petite, par-derrière, flanqué d'une tour cylindrique.
ADOLFO BIOY CASARES, *L'Invention de Morel* (1940), traduit de l'argentin par Armand Pierhal, Paris, 10/18, 1992, pp. 16-17

Gris. Un volume important de signaux radio en provenance de l'espace parvient à notre planète, traversant des distances gigantesques depuis les confins les plus reculés de l'univers. Il est difficile d'accepter que ces messages n'aient aucun sens, comme c'est pourtant probablement le cas, pas plus que n'en ont les signes extérieurs de processus nucléaires à l'intérieur des étoiles. L'espoir subsiste cependant qu'un jour nous parviendrons à les décoder et que nous trouverons, non pas quelque service de télécopie intergalactique, mais une musique chorale spontanément engendrée, une naïve architecture électromagnétique, la syntaxe primitive d'un système philosophique, tout aussi dépourvues de sens mais aussi rassurantes que le dessin des vagues sur une plage.
J.G. BALLARD, *La Foire aux atrocités, op. cit.*, pp. 74-75

Concept et design
FRANCESCA GRASSI *et* DOMINIQUE GONZALEZ-FOERSTER, WT *Arnhem/Paris, 2007*

expodrome

EXPOSITION DU 13 FÉVRIER AU 6 MAI 2007

MUSÉE D'ART MODERNE DE LA VILLE DE PARIS / ARC

FRANCESCA GRASSI / UN ESPACE DANS UN LIVRE...   1

ANGELINE SCHERF / L'ÎLE MUSÉE   22

HANS ULRICH OBRIST, NICOLAS GHESQUIÈRE,   32
DOMINIQUE GONZALEZ-FOERSTER / TRIALOGUE

PHILIPPE RAHM / AU PRÉSENT   48

JEAN-MAX COLARD / EXPANDED LITTÉRATURE   64

LISETTE LAGNADO / COUCHE ATMOSPHÉRIQUE   80

DOMINIQUE GONZALEZ-FOERSTER / EXPODROME   96

INFORMATIONS   112

ANGE LECCIA / LE SUPERFLU   128

ANGELINE SCHERF / L'ÎLE MUSÉE

Elle a toujours eu une position expérimentale. Élaguer tout ce qui peut user. Pas question de s'enfermer dans une pratique, de se resserrer. Flotter, ne pas finir ses phrases, rester en suspens, apparaître, disparaître, travailler avec d'autres : musiciens, créateurs de mode, architectes, paysagistes, réalisateurs de films, écrivains. Imprudente, aventureuse, imprévisible, singulière, irréductible, dans le monde des sensibilités fragiles et supérieures qu'elle côtoie, elle cherche un sens moderne de l'expérience, plus subtil, plus exact.

Au début des années 1990, elle construit des « Chambres » – *Une chambre en ville,* 1996 ; *Hotel Color,* 1996 ; *Chambre atomique,* 1994 ; *The Moriya Room (396-A),* 1994 ; *RWF,* 1993… –, nées de son imagination et de sa mémoire, chambres de printemps, d'été, d'automne, d'hiver, s'accumulant comme des souvenirs destinés à naître et disparaître, oblongs, coralliens, filmiques, romanesques. « La "chambre", c'est un théâtre sans acteur, un personnage qui s'est absenté. »

Plus tard, elle se résout à partir, l'insularité ne lui suffit plus. « J'aime qu'il n'y ait ni limite ni cadre. L'éparpillement me resserre » ; en un instant, les « Chambres » deviennent des images filmées, des dérives à travers des atmosphères variées, portées par les sollicitations et les rencontres : parcs (*Parc central,* 2006 ; *Atomic Park,* 2004), mégapoles aux vertigineuses façades vitrées (*Central,* 2001 ; *Ipanema Theories,* 1999), plages (*Plages,* 2001 ; *Riyo,* 1999), vent dans les palmes (*Brasilia Hall,* 1998), îles (*Île de beauté,* 1996), moments impossibles à prévoir. Le voyage devient son médium : entrer dans le monde.

Comme si tout était irréel – « Où sommes-nous (si nous sommes vraiment quelque part) ? » (D.W. Winnicott) –, elle conçoit aussi des environnements, des vaisseaux polyédriques pareils à des abris spatiaux, des lieux de passage, des variantes pour les Survivants (*Moment Dream House,* 2004 ; *Jardin des dragons et des coquelicots,* 2004 ; *Exotourisme,* 2002 ; *Park – Plan d'évasion,* 2002 ; *Bonne Nouvelle,* 2001 ; *Cosmodrome,* 2001 ; *Brasilia Hall*).

L'espace est son « révélateur », une vague qui emporte le corps et multiplie ses sensations.

« Mes plus anciens souvenirs sont les premiers pas sur la Lune ; j'appartiens à une génération dont l'obsession est de partir dans l'espace […]. Je cherche de nouveaux rapports, de nouveaux déplacements, une nouvelle manière d'engager la perception au niveau le plus physique. » Son approche est directe, factuelle, frontale ; en cela, elle se rapproche d'explorateurs radicaux (Diane Arbus, Joel Meyerowitz, Garry Winogrand, Lee Friedlander) qui captent une situation, un moment urbain. Elle rêve de tout enregistrer, au-delà de l'image : odeurs et sensations, faits et souvenirs. Dans les paysages, elle commence à voir des archipels, sur le mode de ces figures qui, selon Léonard de Vinci, apparaissent en regardant longtemps les taches d'humidité. La surface du réel se déforme pour illustrer une potentialité latente, une histoire, un rêve qui n'en finit pas.

Sa chance est de converser avec les tempêtes, les soleils de plomb, les plages minérales, les déserts *(Atomic Park),* les architectures modernistes *(Alphavilles ?,* 2004), les solitudes urbaines, l'énergie tropicale. Ces paysages fantastiques, apparus spontanément dans le champ de sa vision ou de son imagination, prennent un éclat métallique, un relief impersonnel. Avec le temps, elle trouve de nouveaux complices qui élargissent sa pratique, métabolisent avec elle un ensemble de références – philosophie, mode, musique, cinéma, architecture. Leur dialogue l'aide à préparer un avenir plus favorable.

Un jour, elle s'est emparée de l'« exposition », espace ouvert où elle s'est installée. Elle l'appelle « exposition » mais ce pourrait aussi bien être une île, un voyage, une ville, une promenade, un vaisseau spatial, un parc, un tapis, un hôtel, une bibliothèque inépuisable et incomplète. Elle y revient régulièrement parce que c'est un endroit unique, où on ne vit pas et qui n'existe que lorsqu'il est partagé. Elle dit aussi « terrain de jeu », « possibilité de pensées », « surface érotique », « espace limite ». Dans l'île – en fait un vaste édifice à étages, avec de grands escaliers et une aile cylindrique, le musée –, elle fait toujours des découvertes : un hall avec une volée de marches ne conduisant nulle part *(Brasilia Hall),* des *Séance de Shadow* (1998), des *Séances biographiques*

(1994), un aquarium où elle installe *Numéro bleu* (1993) – plate-forme d'objets éparpillés au sol et d'images de corps en mouvement…

Cette fois, elle a décidé de dépayser encore plus l'île, le lieu qui environne l'exposition, d'en renforcer certaines sensations, certains moments, de multiplier les plates-formes, d'en faire un paysage potentiel, flottant et futuriste. Elle l'appelle *Expodrome,* « aux bords de l'exposition », parce qu'elle pense que son île doit recharger ses accumulateurs, envahir le temps, trouver d'autres types d'« expositions » : au soleil, à la lumière, à la pluie violente, à la diaphanéité des espaces célestes. Elle veut en tester les limites. Elle a tracé un plan pareil à celui d'une ville, avec ses lieux et ses moments particuliers : *Solarium, Jetée, Promenade, Panorama, Tapis de lecture, Cosmodrome, Cinéma.* Chaque lieu est désigné par un titre définissant un « espace-temps », à la manière des panneaux indicateurs à l'entrée des villes.

Au départ, *Solarium* : il faut gravir les marches d'un escalier à la hâte. Là on voit le soleil audessus de l'horizon, non pas le soleil, l'apparence du soleil, une surface unie, une immobilité traversée de flairs et d'explosions. Un flash mental, une décharge éclairent les visages d'une luminosité variable comme les ondulations du soleil à la surface de l'eau. Les lueurs dessinent des ombres instables sur les marches. On pense à une apparition subite, au reflet de l'*Éclipse (Paris 1999)* sur les promeneurs.

Ces explosions rétiniennes conduisent à la foule psychédélique de *La Fée Électricité.* Une centaine de personnages noyés dans la couleur, une peinture gigantesque, extrême, la plus grande du monde, réalisée pour le Pavillon de la lumière de l'Exposition internationale de 1937. La salle oblongue est à l'intérieur d'*Expodrome.* Monumentale, l'œuvre prend, sous sa charge historique, l'air d'une fiction féerique. On se dit qu'il est facile de peindre, de combiner les couleurs, que chacun peut, un jour, réaliser un travail comme celui-là, modeste et fou.

Plus haut, il y a l'Arc circulaire de l'île, avec ses occupants, beaucoup de fantômes. On

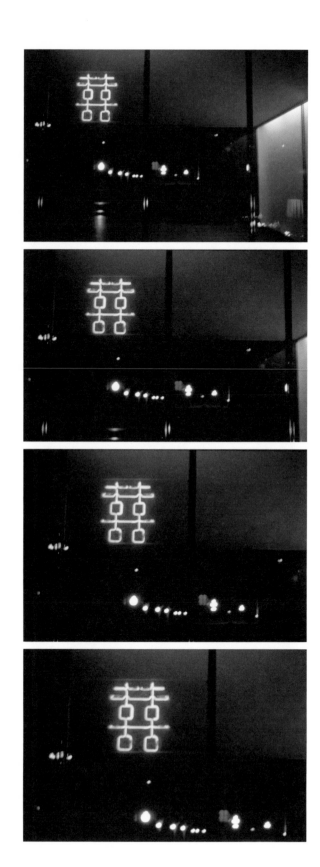

découvre la *Jetée*, une accumulation de rochers, de carrés bizarres, de pyramides déformées qui s'encastrent, prêts à défoncer le sol. Elle aimerait bien faire comme d'habitude, laisser son sac, étendre une couverture, se déplacer avec la liberté que l'on a quand on est seul, mais la marche est entravée, l'atmosphère s'est épaissie.

En contrebas, les murs, le sol, les verrières hautes forment une *Promenade* où tout, jusqu'à l'air, prend l'aspect de porcelaine azurée. Là, il pleut sans discontinuer au-dessus, en dessous, dans toute l'île musée, une pluie violente, tropicale. Un son qui mouille. La sensation cinématographique d'un espace qui rappelle toutes les pluies *(Taipei 2000).* On se dit que le vent et la pluie vont emporter l'île, que tout va être déraciné ou inondé.

Elle atteint un abri qui ouvre sur un grand *Panorama,* composition où se combinent des couleurs et des lumières, de densité variable, sur une surface réfléchissante. L'image évoque une vue d'avion ou de plus haut encore, infestée d'échos, une sorte d'hallucination lumineuse, une cartographie de la présence humaine sur toute la planète : Rio de Janeiro, Mexico, Los Angeles, Yokohama, Shanghai, Hong-Kong, Chennai, Téhéran, Moscou, Paris, Dakar. Les touristes spatiaux seraient-ils les constructeurs de l'île ?

Elle parcourt les livres *(Tapis de lecture)* qui ont donné la trame visuelle de ses paysages, les modes exploratoires de ses personnages, de leurs comportements, son « réservoir de possibles ». Puis elle emprunte une passerelle qui la projette « hors du musée », où elle sort à l'air libre, un retour à la réalité physique. Le vaisseau *Cosmodrome* décolle. C'est le silence, une immobilité traversée de fuites visuelles et sonores, une lividité étrange et captivante qui fait oublier la Terre. Une vie électronique à génération spontanée s'anime. Elle ne sent plus son corps mais seulement ce qui intéresse sa conscience.

Elle découvre un lieu d'images *(Cinéma),* un lieu qui pourrait contenir tous les films réalisés par des exécutants prodigieux qui seraient d'abord les paysages, les lumières, les villes. La caméra traverse les espaces à pied, repère

les situations productives *(Riyo, Plages, Central, Parc central)*, alterne les travellings et les plans fixes. « Il faut se déplacer pour déplacer l'espace » *(Central)*. Chaque séquence est structurée comme les morceaux d'un album de musique. On pense aux films de Brackage, de Mekas, de Warhol, aux errances d'Antonioni, aux émotions souterraines de Tsai Ming-Liang. « Subjectiver chaque moment : l'espace mental et l'espace filmé s'articulent en permanence dans le réel. » La magie n'est pas narrative mais environnementale.

On entend des sons dans le couloir, dans l'escalier, venant de *La Fée Électricité (Punk Lounge)*. L'île demeure dans une lumière surréelle, sur le qui-vive, manifestant les dangers de porter en elle, en équilibre et simultanément, plusieurs possibles. Ce qui s'écrit art (ou œuvre) n'a plus rien à voir avec l'objet (peinture ou sculpture), il est partout, psychogéographique, en tout lieu, en toute rencontre *(Double Terrain de jeu,* 2006), en toute histoire mouvante *(Park – Plan d'évasion),* il est la narration d'un organisme.

HANS ULRICH OBRIST, NICOLAS GHESQUIÈRE, DOMINIQUE GONZALEZ-FOERSTER / TRIALOGUE

HUO Ce projet d'entretien est né il y a trois ou quatre ans dans la continuité d'une série de dialogues puis de trialogues menés avec Dominique. Nous avions commencé une série d'interviews de personnes avec lesquelles Dominique travaille ou qui l'ont inspirée. Celle, entre autres, du cinéaste et écrivain Edgardo Cozarinsky, a donné lieu à une situation magique. Il est parti avec mon manteau parce qu'il avait exactement le même, et c'est le soir en quittant mon bureau que je l'ai compris puisque j'avais son passeport dans ma poche… Alors nous nous sommes retrouvés vers minuit sur le boulevard du Montparnasse, pour un mystérieux échange de manteaux. Voilà, c'était le premier trialogue avec Dominique. Puis il y eut le trialogue avec l'architecte André Wogenscky et l'artiste Marta Pan, que Dominique et moi avons conduit pour la revue *Domus.* C'est à ce moment-là qu'est venue l'idée d'un trialogue avec vous deux. Je serais curieux de savoir à quand remonte votre première rencontre et comment est née votre collaboration ?

NG La première fois que j'ai vu le travail de Dominique c'était, comme beaucoup de Parisiens, à l'ARC, pour son exposition avec Pierre Huyghe et Philippe Parreno en 1998. Ce qui m'avait vraiment marqué à l'époque, c'était la pièce *Brasilia Hall,* avec l'escalier et le film. Ma première rencontre avec elle s'est donc faite à travers son travail, sans la connaître ni même savoir que nous avions des amis en commun. Je me souviens vraiment d'un choc parce que c'était très proche de mon imaginaire, et ce que je pensais m'appartenir en propre, je le découvrais dans son travail.

DGF J'avais eu des aperçus du travail de Nicolas, mais je l'ai rencontré en personne pour la première fois dans une galerie, rue Louise-Weiss, où Mathias et Michael (M/M) nous ont présentés parce que je cherchais une robe pour Cannes. C'était en 2001. Après cette rencontre furtive, Mathias et Michael nous ont arrangé un premier rendez-vous.

NG Oui, je leur avais parlé du projet de repenser les boutiques Balenciaga. À l'époque, je travaillais avec eux sur les campagnes de pub et ils ont pensé que ce serait bien que je rencontre vraiment Dominique. Au départ, c'était sans objectif particulier, il n'y avait pas de projet, aucun script. Je voulais juste changer les règles du rituel au sein de Balenciaga, créer des environnements différents. C'était alors l'apogée de la globalité dans toutes les boutiques des grands couturiers ; à l'exception de Prada, qui lançait les boutiques amiral et des choses différentes, c'était vraiment le royaume de Gucci, où tout était uniformisé selon le principe du *merchandising* instantané : dans le monde entier, les mêmes boutiques proposaient les mêmes vêtements au même moment. J'étais vraiment en réaction vis-à-vis de cette uniformité.

HUO J'ai toujours trouvé intéressant ce phénomène de centres d'intérêts communs d'une discipline à une autre, lorsque des trajectoires partagées apparaissent simultanément sans qu'il y ait eu aucun plan commun ni de communication. Rupert Sheldrake parle de « champs morphogénétiques ».

NG Ce sont ces dénominateurs communs où, tout à coup, une chose semble évidente et partagée. Bien que le phénomène soit assez inexplicable, il y a alors interférence et fusion sans que l'on puisse jamais vraiment démêler le commencement, sans que l'on sache si ce qui se produit simultanément dans divers champs provient d'une source commune, tel un événement. J'aime assez l'idée que les pistes de cette fusion soient brouillées et qu'il devienne très difficile de les identifier.

DGF Je crois que nous nous sommes rendu compte dès notre première conversation qu'il y avait une empreinte commune et que nous pouvions parler en images, en titres, en films et en couleurs. Pas uniquement concernant les références, mais aussi la manière de les utiliser et de métaboliser un ensemble de choses.

NG Oui, il y a entre nous une intention partagée. Ce qui m'a particulièrement touché dans le travail de Dominique, c'est sa capacité à transformer quelque chose de familier, de reconnaissable en une chose totalement étrange, de l'inscrire dans la science-fiction, dans l'irréel. Quant à moi, je n'aime pas tellement le vêtement spectaculaire ni le fait d'exagérer les proportions, et je cherche plus à rendre une silhouette commune, virtuelle en jouant avec des codes, des éléments reconnaissables et immédiatement identifiables, pour les rendre irréels. Dans les films de Dominique ou dans les « Chambres », il y a cette idée-là.

DGF C'est comme si l'étrangeté émergeait du médium lui-même. Je crois que c'est un processus à la fois direct et interne au médium. À partir du moment où on est juste devant les choses, même les plus simples, sans rien projeter sur elles, alors il n'y a plus de symbolique. J'en parlais justement avec l'architecte Philippe Rahm, à propos d'Alain Robbe-Grillet, de sa manière d'écrire : il ne suit aucun plan, c'est l'écriture elle-même qui produit progressivement de l'étrangeté. Et même si toi, Nicolas, tu procèdes avec un ensemble d'influences culturelles venues de divers champs, tu avances très directement dans ton médium, tu prends tes décisions au présent, et je pense qu'une partie de l'étrangeté de ton travail vient de là.

HUO L'idée d'aller au-delà de cette angoisse qu'il faut composer avec un puits de savoir est commune à vos deux démarches. Nicolas, pouvez-vous me parler d'artistes qui vous lient au champ de l'art ?

NG Il y a à la fois beaucoup et peu de gens, j'ai tendance à me nourrir et presque à rejeter immédiatement après. À part pour quelques-uns – j'ai toujours aimé le travail de Claude Lévêque par exemple, ainsi que celui de Pierre Huyghe ou de Philippe Parreno. Mais je n'ai pas envie d'établir une liste de références et je ne suis pas non plus collectionneur. Je trouve que la mode a tendance à trop manipuler l'art et je me demande pourquoi l'art a-t-il tant besoin de la mode. Je n'aime pas cette relation, je trouve suspecte cette recherche de crédibilité artistique dans la mode. Selon moi, on est arrivés à un point critique. Au départ de ma collaboration avec Dominique, il n'a jamais été question d'utiliser son travail artistique. Il s'est d'emblée instauré un rapport personnel entre nous, même si c'est par le biais du travail.

DGF Pour moi, c'est très important, c'est une donnée de base pour ouvrir ce laboratoire qui m'a permis d'explorer un autre rapport à l'architecture, à l'espace et de produire une expérience complètement différente de la manière dont je peux chercher dans les champs de la galerie ou du musée. Je crois qu'il y a là une situation unique en comparaison à toutes les instrumentalisations possibles de l'art par la mode, je pense que nous nous sommes construit un champ de recherche commun, qui est un ensemble d'espaces. Il y a comme une sorte de groupe de recherche avec Benoit Lalloz pour l'éclairage, Martial Galfione pour le design et les représentations visuelles, et Christophe Van Huffel pour la dimension sonore. Ce qui me passionne, c'est de voir tous ces espaces apparaître et, en cinq ans, se modifier. Nous avons mis au point un vocabulaire et une langue qui se transforment.

HUO À la question de savoir quels artistes vous intéressent, vous répondez qu'il ne s'agit pas pour vous d'établir une liste et que le plus important, sans doute, réside dans la pratique, pour y chercher des parallèles avec la réalité.

J'aimerais vous interroger sur un phénomène parallèle. Dans les années 1980 et un peu dans les années 1990, le fameux « Re » a joué un rôle important dans l'art. Dans les années 1980, il était plutôt bidimensionnel et, dans les années 1990, comme Pierre Huyghe l'a souvent souligné, il s'est déplacé dans la tridimensionnalité. Ce déplacement du « Re » est d'ailleurs un des rares liens entre ces deux décennies qui, sinon, sont plutôt en rupture. C'est comme un fil rouge dans beaucoup de pratiques. Je serais curieux de savoir si, selon Nicolas Ghesquière, on peut observer pareille fracture dans le champ de la mode et si l'évolution du « Re » fait écho à cet univers. En relisant le catalogue *Balenciaga Paris,* j'ai constaté une relation très dynamique vis-à-vis de l'histoire de la maison. Quand j'ai visité votre atelier de couture, vous m'aviez aussi parlé des rééditions d'anciens modèles.

NG Ces éditions étaient une manière d'en finir avec le passé, c'était de la copie. Un geste qui n'avait jamais vraiment existé ailleurs ; jusque-là, personne ne s'était permis de recopier des modèles anciens dans une maison de couture. Je n'avais moi-même pas vraiment revendiqué le patrimoine de Balenciaga auparavant. Mais recréer ces modèles, les rééditer, était aussi une façon de se débarrasser du passé en le mettant au présent. Proposer des vêtements des années 1930-1940 jusqu'aux années 1950-1960 me permettait de dire : « Voilà, la situation historique existe telle quelle, aujourd'hui. » En effet, on est en plein « Re », mais c'est pour avoir plus de liberté créative et spirituelle. Maintenant, l'histoire Balenciaga est traitée et je ne peux plus du tout m'y référer. En ce qui concerne le « Re » dans la mode en général, on est clairement, depuis le milieu des années 1990, dans la nostalgie, la citation ; le problème, c'est qu'il ne s'agit même pas de remix, ce ne sont pas des interprétations, c'est juste nostalgique. Le vêtement et l'ambiance. Il y a dans la mode ce poids de la citation et de la référence permanente qui tourne en boucle, avec très peu de nouvelles propositions. Il y a cette sécurité, d'ordre économique aussi, de ne rien inventer. Et tout le monde s'est habitué au non-renouvellement, y compris la presse de mode. Et c'est pourquoi nous, nous ne sommes pas du tout « Re ».

DGF Nous nous excitons bien plus sur des choses jamais vues ou que nous tentons d'élaborer, même si nous partons aussi d'un contexte existant.

NG Pour le vêtement, la nouveauté radicale est le moment où, tout à coup, il nous échappe, quand on arrive à un point de la recherche où les choses atteignent une telle étrangeté qu'elles nous sont étrangères ; je crois que c'est à ce moment-là qu'il faut arrêter. C'est là que ça devient intéressant : quand c'est si étrange que ça n'évoque plus rien, c'est alors le bon vêtement.

DGF C'est selon ce mode de recherche que nous travaillons avec les espaces. Le processus est similaire, jusqu'à ce que ça échappe à un ensemble de grilles d'interprétation trop évidentes.

HUO Pour terminer avec le « Re », Dominique, que penses-tu de ce qu'en dit Pierre Huyghe ?

DGF Il m'en a parlé cet été à propos de ma participation à la Biennale de São Paulo où, effectivement, il se passe la même chose à l'intérieur de l'exposition et au-dehors... C'est son obsession. Je ne donne pas autant d'importance à cette opération, mais je sais qu'il a trouvé là un moyen de décoder un certain nombre d'œuvres.

HUO Peut-être est-ce juste une façon de parler plus du futur que du passé, car vous partagez un désir de produire de nouvelles réalités... J'ai eu récemment une conversation avec l'historien Eric Hobsbawm, qui a quatre-vingt-dix ans et qui disait que le monde a

besoin d'un mouvement international de protestation contre l'amnésie. Dans vos deux pratiques, la mémoire est très dynamique et vous utilisez cette idée du passé comme une sorte de boîte à outils, pas seulement pour revisiter le passé mais pour fabriquer autre chose. Quelles sont vos boîtes à outils et comment envisagez-vous cette notion ?

DGF J'ai l'impression d'avoir une boîte à outils aussi grande que la planète. Pour moi, beaucoup de choses passent par les livres et les voyages évidemment, mais aussi par l'expérience directe autant que par des choses très médiatisées. Et je mets tout sur le même plan. Le passé comme boîte à outils... J'ai un rapport dynamique au passé. Il m'intéresse quand il a une qualité de futur possible, quand il est utilisé comme dans la science-fiction, pas quand il a une qualité de mémoire nécrophile. Ma boîte à outils est plus que variée : ça va de passer devant un bâtiment à regarder un bout de film, à écouter un truc à la radio et à mixer tout ça... Je dirais que la boîte à outils idéale permettrait de monter ensemble des choses de natures et de fonctionnements très différents. Une boîte à outils pour faire du montage, pas tant du film ou de la vidéo, plutôt pour assembler un bout de conversation avec un bout de tissu ou un bout de bâtiment, pour associer une pensée très abstraite avec un matériau très dense, avec une vitesse, avec une sensation dans la jambe gauche, avec une sonnerie téléphonique... Pour moi, là serait l'outil ultime...

NG Pour moi, la première boîte à outils est ici, chez Balenciaga. Ce sont tous les gens qui sont autour de moi, toujours les mêmes d'ailleurs, dont Dominique fait partie. Je vampirise un peu et je réagis beaucoup comme ça, sur un bout de conversation ou un truc que quelqu'un porte, ou un goût... C'est principalement lié aux gens qui m'entourent.

DGF J'aime bien l'idée que l'art soit un champ spécial permettant de réunir tout cela. C'est peut-être aussi ce qui se passe dans le langage. Le plus excitant dans la recherche que nous menons Nicolas et moi, c'est sans doute qu'il s'agit d'un travail à plusieurs, que c'est le résultat tant d'un regard que d'une couleur, que d'un moment passé ensemble.

HUO J'aimerais en savoir un peu plus sur vos processus de travail collectif. Il me semble que, dans chacune de vos pratiques, vous avez inventé des modalités de collaboration. Comment ces groupes s'articulent-ils, comment se sont-ils constitués, comment évoluent-ils ? Cela se passe-t-il dans l'atelier ou est-ce que ça fonctionne plutôt à la manière d'une *factory* ?

NG C'est un groupe constitué depuis le départ, auquel se sont ajoutés de nouveaux personnages. Ce sont tous les gens qui sont autour de moi au quotidien, comme Marie-Amélie Sauvé avec qui je travaille depuis le début, une rédactrice de mode selon son titre, mais elle est bien davantage. C'est un travail très collectif. Il faut capter, attraper des moments ou des choses partagés ; ensuite, je suis quasiment le seul responsable de ce qui en sort. J'aime beaucoup l'idée d'être une machine à métaboliser des choses, une machine qui s'alimente et partage un ensemble de sources pour ensuite les retranscrire. C'est une des capacités humaines les plus intéressantes, celle de synthétiser, et c'est un processus en progression, plutôt tourné vers l'avenir. Dans la mode, je réfléchis en terme de futur et j'aime l'idée que mon processus de travail intègre le groupe. Je crois aussi que c'est moi qui l'équilibre : à chaque nouvelle saison, je vais chercher des gens, je les fais apparaître en gérant les inspirations, les influences. C'est un montage.

DGF C'est assez organique et on dirait presque que tu décris le fonctionnement d'un roman de science-fiction, avec une partie télépathique et une autre partie qui passerait par des langages secrets, des codes. Il y a une part de ces relations que tu peux décrire dans leur fonctionnement et une part qui reste très immatérielle.

NG C'est très concret dans la manière dont je travaille, parce qu'il y a vraiment des séances de recherche où nous sommes six ou sept à ne se consacrer qu'à ça. C'est un peu comme un atelier de création où il y a des morceaux de tissus, des maquettes de formes et on essaie, on accumule, on enlève, on transforme, on déchire. Souvent, ce n'est pas tellement là que les choses sortent concrètement, mais ça permet en tout cas d'en éliminer beaucoup, qu'on ne refera pas. Il y a un processus de rejet très important, qui m'amène à faire des choix.

HUO Dominique, tu m'as raconté qu'en amorçant le processus de collaboration avec Nicolas, tu as introduit une chose dans ta pratique : le bureau, qui a contribué à produire une autre réalité.

DGF C'est vrai, j'ai eu besoin de générer un espace spécifique parce que c'était une expérience qui allait prendre beaucoup de place mais aussi parce que j'avais envie d'expérimenter, au quotidien, un autre fonctionnement. Au début, j'ai eu des semaines d'excitation à dire que « j'allais au bureau »… Je jouais à aller au bureau. Puis j'ai compris que le fait d'avoir deux espaces de travail démultipliait la capacité de travail. Changer d'espace me permettait de faire des choses différentes, comme si c'étaient deux univers parallèles. Je conseille d'avoir trois, quatre, cinq ou six bureaux pour démultiplier les possibilités.

HUO Il y a d'un côté ces pratiques et ces lieux de travail, mais il y a aussi ces espaces qui sont nés de votre collaboration : ni boutiques, ni magasins, ni expositions, il faudrait un néologisme pour les désigner. Peut-on parler de cette très concrète matérialisation de votre collaboration à Paris, New York, Hong-Kong ? Comment travaillez-vous, comment cela va-t-il évoluer, est-ce que d'autres types d'espaces seront créés, comme des maisons de couture par exemple ?

NG Nous préparons de nouveaux espaces, à Milan, à Los Angeles… Chaque endroit est singulier et se transforme aussi. L'idée est d'avoir une expérience et un sentiment différents dans chaque lieu.

DGF Je les pense encore en terme d'expérience spatiale. Nous avons d'abord été en réaction face au minimalisme ambiant, dominant – il est évident que le phénomène d'appropriation du vocabulaire minimal des musées est totalement adapté à des environnements très efficaces, *overall* et fonctionnels. En changeant de direction, nous allons forcément vers des choses moins rationnelles. C'est en ce sens que ces espaces sont une suite d'expérimentations. Au début, nous parlions de paysages artificiels, nous avons fait émerger un monde de facettes, une forme d'irrationalité. Ce langage de base évolue avec nos expériences et, en cinq années, il a presque fait 180°. Je pense que l'exposition « Balenciaga Paris» constitue une articulation, qu'il y a un avant et un après. Elle a permis d'éluder certaines choses, d'en conserver et elle relance complètement le langage de ces espaces pour les projets à venir.

HUO Pourriez-vous parler un peu plus de cette exposition ?

NG Nous avons commencé à la préparer il y a plus de deux ans. C'est la première rétrospective Balenciaga en France. Le musée des Arts décoratifs nous a fait cette invitation, que j'ai acceptée à condition d'y travailler avec Dominique. Nous sommes allés voir l'espace et ce qui aurait pu être difficile a en fait été productif. Ça arrive souvent dans notre manière de travailler, il y a cette capacité à transformer les défauts en qualités, c'est magique parce qu'il est très rare que nous démontions quelque chose. Avec ses 1 200 m² dédiés aux vêtements, c'est le plus grand espace muséal de cette catégorie au monde.

Son architecture fragmentée s'inscrit totalement dans le vocabulaire que nous voulions mettre en place. L'idée était de créer un vaisseau. Une fois encore, nous souhaitions suspendre dans l'espace et dans le temps, et donner cette impression aussi bien pour les vêtements de Cristobal Balenciaga des années 1930 à 1960 que pour mes vêtements. Je n'avais pas envie de les voir dans un endroit classique, marqué, reconnaissable. Nous voulions une expérience assez sombre et nous avons inversé la circulation dans le musée. C'est une chose que Dominique et moi partageons : avoir l'expérience des espaces, observer la manière dont on y circule, dont on passe d'un endroit à un autre, pour la rendre totalement différente. Ensuite, il était important que le vêtement soit vivant, avec un corps. Pour Cristobal Balenciaga, nous avons pris le parti de le montrer d'une manière très classique, type atelier, sur des *stock man,* quelque chose qui ressemble vraiment à un objet. En revanche, pour mes vêtements, nous avions envie de créer un personnage proche de la science-fiction, un droïde, un Frankenstein. Nous avons moulé, formaté ses membres, reproportionné ses jambes, travaillé sur son regard, ses expressions, son langage... C'est un personnage complet, bien au-delà du mannequin de vitrine.

HUO Ces questions de l'espace ont aussi été très présentes lors de la discussion que j'ai eue cet été à la Serpentine Gallery avec Rem Koolhaas, Dominique et l'architecte David Adjaye. L'espace contemporain porte en lui une sorte de paradoxe : d'un côté, on peut le décrire comme de plus en plus fluide, sans frontières, dans l'idée d'un flux continu et, d'un autre côté, il se trouve structuré par un certain nombre de frontières. Comment envisagez-vous le futur de vos espaces ?

NG Leur futur est là où se trouvent ces espaces. Nous nous attachons vraiment à trouver des espaces très différents pour chaque ville puis, à partir de cette expérience, nous concevons l'intérieur de l'espace, nous le construisons.

DGF Chaque espace est très influencé et informé par son contexte culturel, urbain, environnemental. C'est comme si nous amenions notre langue et qu'elle subissait des traductions. Cette nécessité de dialoguer avec un environnement existant compte énormément. Nous ne sommes pas dans un rapport abstrait. C'est d'autant plus excitant qu'il y a une identification. À chaque fois, ce qui existe est intensifié, dans un rapport soit de traduction comme c'est le cas avec le grand espace à New York, soit complètement paradoxal comme à Los Angeles. Dans un premier temps, nous sommes dans une relation à la ville, ensuite, nous zoomons progressivement. Si on ne peut pas qualifier de manière générale tous les espaces, ils ont tous une complexité et une certaine manière d'envelopper. Il s'agit vraiment de reflets ou de dépliages des vêtements et ils doivent contenir un certain nombre de plans. On peut y retourner x fois et y trouver toujours de nouveaux détails. Tous les espaces évoluent aussi selon les saisons, puisque chaque ensemble de vêtements permet une relecture de l'espace, en révèle une autre qualité. Il faut qu'il y ait une certaine densité pour qu'ils puissent se déclencher à chaque fois différemment.

HUO Vous avez tous deux travaillé et montré vos travaux dans plusieurs villes du monde. Estimez-vous important pour votre pratique de retenir une sorte de sens de l'identité locale ?

DGF Je suis en train de me rendre compte, par exemple, que je ne pourrais pas faire l'exposition de l'ARC dans une autre ville parce que Paris est la ville où j'ai le plus travaillé ces dernières années. Je ne sais pas si c'est du local, mais l'ensemble des collaborations qui va s'y déployer est étrangement lié à cette ville. Même si j'ai un rapport difficile à Paris et que j'ai besoin de déplacements, c'est pour moi un espace de travail très particulier, intransportable.

NG J'ai probablement moins d'expériences de voyages que Dominique, qui m'a fait découvrir Hong-Kong et m'a donné sa vision intime de la ville. À New York par exemple, j'ai montré mon travail d'une autre manière. C'est dans cette ville que j'ai décidé de faire un passage par fille, ce que je n'avais jamais fait auparavant : chacun des mannequins ne se changeait qu'une seule fois et apparaissait plutôt comme une jeune femme. Ça a été une réaction à la fois de logistique et de sens sur le défilé. À Paris, on faisait cinquante passages, tandis qu'à New York on a commencé à trente ou trente-cinq avec des défilés plus courts, plus rapides. C'est ce genre d'expérience que m'a apporté le fait de déplacer mon travail à l'étranger. Mais Paris reste le lieu où je travaille.

DGF Mais toi, tu es parti de Paris, Hans !

HUO C'est intéressant de rapprocher cela de la globalisation, d'essayer de penser ce que peut être la négociation entre le local et le global. Concernant le travail de Dominique au Brésil, c'est tout ce rapport à une modernité spécifique qui a adapté un langage international aux expressions locales.

DGF Moi, je vis en terme de modernités parallèles, et la modernité alternative de Rio est nécessaire à mon travail parisien et *vice versa*. Ce sont la tension et l'alternance qui sont productives.

HUO Nicolas, nous avons parlé des différents aspects de la pratique de création et des temporalités variées qu'elle intègre. Je voudrais savoir comment c'est pour vous de préparer une collection. J'imagine qu'il y a beaucoup de liens avec la préparation d'une exposition. On peut évidemment citer la fameuse phrase de Walt Disney, « *Deadlines make the world go round* », mais il existe sans doute d'autres liens relatifs à la temporalité. Qu'est-ce qui rapproche collection et exposition ?

NG L'expérience de l'exposition était pour moi inédite. L'exposition est beaucoup moins éphémère que la collection, où tout va très vite. L'exposition « Balenciaga Paris » a été assez reposante, elle m'a permis de me poser et de regarder, et voir tout ça se monter à la fin en trois jours fut pour moi très étrange. Tout à coup, les vêtements se figeaient dans les vitrines, dans un autre espace/temps. Alors que pour une collection, je suis en permanence dans l'urgence : il faut créer, fabriquer, présenter, ce qui est aussi très motivant. Bien que je prenne toujours le temps de réfléchir chez Balenciaga, c'est même essentiel, je reste malgré tout dans l'urgence des saisons.

HUO Pourriez-vous parler également de votre collaboration pour l'exposition à l'ARC ?

NG Pour moi, travailler à une exposition de ce type est très exotique. C'est un terrain sur lequel je me sens totalement libre, sans contraintes et où plein de choses sont possibles.

DGF En même temps, tu as toujours développé un rapport très particulier à l'espace et j'ai lu dans une de tes interviews que tu souhaites réaliser des objets fonctionnels...

NG À chaque nouvelle saison, j'explore des formes d'extension des vêtements. C'était le cas pour la saison avec les « yetis » par exemple, ou pour les « sacos ». C'est vrai que j'ai toujours eu envie de développer des objets ou des espaces aux qualités tactiles, de la même manière que je conçois des vêtements. Peut-être pas sur ce mode d'« objets textiles », plutôt connoté années 1970, mais sous une forme plus particulière qui ferait des allers-retours entre le vêtement et l'espace. Dans les deux espaces de l'exposition, nous développons une qualité très tactile. Je crois que c'est une des choses sur lesquelles Dominique et moi nous nous retrouvons, cette relation de l'objet ou du vêtement au corps, à son échelle et à sa circulation. Les deux espaces agissent directement sur le spectateur et peuvent lui donner une perception différente des lieux ou induire un déplacement inhabituel.

HUO Vous procédez là un peu comme pour l'exposition « Balenciaga Paris », où vous avez inversé le sens de la visite, la faisant commencer à l'étage supérieur pour la terminer un étage plus bas. Travaillez-vous sur ces espaces de la même manière que vous l'avez fait pour les boutiques Balenciaga – je pense par exemple à votre idée de départ, ces « paysages artificiels » ?

NG C'est un autre type d'expérience que les boutiques, bien que certaines qualités de ces espaces se retrouvent ici : la tactilité et la capacité à englober. C'est vrai que cette expérience condense sans doute quelque chose de tous nos échanges. Mais nous restons conscients d'utiliser les espaces de l'ARC tels qu'ils sont, dans leur spécificité. Cette exposition, c'est un peu un moyen de boucler la boucle depuis ma première rencontre avec le travail de Dominique à l'ARC. Dans *Brasilia Hall,* il y avait un film diffusé sur un tout petit écran et un escalier posé au milieu de l'espace comme un morceau d'architecture isolé ou un objet sans fonction. Ici, avec *Solarium,* nous intervenons justement sur l'escalier, l'intensité lumineuse du film projeté se réverbérant sur les visiteurs.

DGF Utiliser ce grand escalier, c'est une façon de prendre en considération des qualités propres au musée. Nous transformons à la fois le rythme de la circulation et la fonction de passage de cet espace. C'est aussi une image à rebours du parcours de l'exposition, qui met en scène le spectateur. Les deux lieux sur lesquels nous travaillons ensemble, *Solarium* et *Jetée,* ont des qualités très différentes : l'un est très lumineux, l'autre plus sombre et très dense, comme s'il était épais. Ces deux espaces sont de l'ordre de la sensation physique, du corps dans l'espace. Le *Solarium,* c'est une image que nous avions envie de voir. La *Jetée* est l'anti-espace d'exposition, un lieu tellement dense que le visiteur doit pousser des blocs pour s'y frayer un passage.

PHILIPPE RAHM / AU PRÉSENT

Une chose assez curieuse dans *The Prestige,* le dernier film du cinéaste anglais Christopher Nolan, est le peu d'intérêt accordé à l'invention d'une machine permettant la téléportation instantanée. Considérée comme un classique de la science-fiction, cette machine a pourtant suffi à émerveiller, durant toute la modernité, des œuvres de fiction qui lui étaient entièrement dédiées, que ce soit à travers sa variante spatiale (comme dans le film *La Mouche* de David Cronenberg) ou temporelle (*La Machine à voyager dans le temps* d'H. G. Wells, par exemple). Dans le film de Christopher Nolan, qui se situe en plein XIXe siècle matérialiste, la machine apparaît comme une simple invention technique tout à fait probable à l'ère d'Edison ou de l'« Ève future » de Villiers de L'Isle-Adam. Pour les protagonistes du film, deux prestidigitateurs, cette machine est avant tout un banal instrument leur permettant de réaliser une incroyable illusion et non un incroyable instrument en soi. L'illusion les intéresse bien plus que la réalité de cette illusion. Tout l'art du tour de magie est de rendre visible l'impossible, de tromper le regard du public et de l'émerveiller en lui faisant voir ce qu'il pense ne pas pouvoir voir. Cela relève finalement seulement d'un degré de réalité plus poussé du côté du magicien, de l'ordre de la vitesse (rapidité des gestes) ou de l'ordre d'un savoir, d'une technique ou d'un bricolage inconnu du spectateur. Tout se passe dans le réel, et les protagonistes du film y affirment que le monde est fait d'un bloc, sans transcendance, sans mystère et que l'intérêt de leur art est de créer l'illusion quitte, paradoxalement, à cacher la réalité, laquelle, avec cette machine de téléportation, dépasse littéralement l'illusion.

Nous serions donc dans une réalité immanente totalement assumée mais de laquelle surgirait pourtant quelque chose relevant à première vue de l'imaginaire ou du fantastique ; un monde réel qui a l'apparence d'un monde merveilleux, une rationalité qui prend l'aspect de l'irrationalité. Ce procédé se retrouve dans les autres films de Christopher Nolan. Dans *Memento,* c'est l'amnésie du protagoniste qui renverse la structure narrative et transforme vertigineusement sa temporalité. Dans *Insomnia,* c'est l'insomnie de l'inspecteur de police enquêtant sur un tueur en série qui plombe progressivement le déroulement du film, le spectateur sursautant une première fois non à la vue du *serial killer,* mais lorsque Al Pacino, subissant les premiers « effets » de l'insomnie, manque bêtement de se faire renverser par une voiture. Et, derrière cette insomnie, en arrière-plan soutenant le drame, le jour continu estival de l'Alaska supprime tout rythme temporel pour ne laisser qu'une sorte de présent sans fin dans lequel s'enlise peu à peu le film. De façon très similaire, l'écrivain suisse Martin Suter rend efficace le suspens de ses romans grâce à ce type d'arrière-plans réalistes, qui activent le trouble : maladie d'Alzheimer, amnésie, LSD altèrent la perception de la réalité, le déroulement du récit et sa logique.

Cette méthode trouve certainement son origine et sa forme radicale dans l'œuvre d'Alain Robbe-Grillet. Car ce dernier applique cette prééminence du réel non seulement aux histoires qu'il raconte, mais également à la façon dont il le fait – dans l'écriture, mouvement continu d'un stylo, ou dans le cinéma, captation lumineuse d'un présent. Les films de Dominique Gonzalez-Foerster relèvent de ce versant radical, comme un égarement dans les moyens mêmes du cinéma.

Alain Robbe-Grillet introduit des arrière-plans réalistes qui corrompent le déroulement de ses romans. Si ces arrière-plans peuvent être également climatiques, ils sont souvent physiologiques ou simplement physiques. Ainsi, *Le Voyeur* est progressivement altéré et dramatisé par deux éléments physiques. D'abord, le déraillement banal d'une chaîne de vélo rompt le bon déroulement de la journée en même temps que la linéarité du roman. Puis un mal de tête qui affecte le personnage principal se fait de plus en plus présent et hante peu à peu la narration. Ce qu'on lit devient le récit de quelqu'un qui a mal à la tête et ce qui est décrit n'est, en ce sens, plus tout à fait neutre car contaminé par ce mal envahissant. Ce mal de tête, finalement assez léger dans *Le Voyeur,* se retrouve sous la forme de maux de dents dans le dernier film de Robbe-Grillet, *C'est Gradiva qui vous appelle.* Mais ce qui altère ici radicalement la structure du récit, sa temporalité, sa spatialité, c'est un empoisonnement. Car, pour lutter contre ses maux, le protagoniste se fait remettre des petites fioles d'un remède douteux qui, on le comprend, l'empoisonne progressivement à la manière d'une drogue hallucinogène. Le récit devient hallucinatoire et plus rien ne permet au spectateur de dire si ce qu'il voit relève de la réalité « objective » ou de la réalité vue à travers les yeux drogués du protagoniste ; finalement, c'est l'idée même d'objectivité qui est mise en crise, de même que dans le roman *La Jalousie.* L'empoisonnement, présent également dans *La Reprise,* le dernier livre d'Alain Robbe-Grillet, en fausse la temporalité, déroute notre foi en ce qui y est décrit mais aussi en l'identité du narrateur. On se perd dans les œuvres de Robbe-Grillet. Mais, à aucun moment, ce trouble de la réalité, ces visions

délirantes, ces voyages vertigineux et désorientés dans l'espace et le temps ne relèvent du fantastique. De même, l'émotion d'une sentimentalité nouvelle chez Robbe-Grillet, suscitée par le suicide à la fin de *C'est Gradiva qui vous appelle,* est amplifiée, dans un classique effet de redondance au cinéma, par la musique sentimentale de Puccini que diffuse un électrophone. La musique ne fait pas ici partie de la bande-son, mais de l'image elle-même puisque l'on voit le protagoniste du film mettre le disque.

Dans l'œuvre de Robbe-Grillet, tant le contenu que le contenant participent de ce travail d'influence physique, et les spécificités du langage cinématographique ou littéraire mais aussi la matière qui constitue le film ou le roman influencent le récit. Alain Robbe-Grillet écrit en continu, sans plan. Physiquement, son stylo progresse sur une page, puis sur la suivante sans revenir en arrière. C'est-à-dire que le roman naît dans le présent de l'écriture, l'histoire s'invente au fur et à mesure, à l'aveuglette, sans que la suite soit connue. Il en est de même au cinéma. Dans l'apparente étrangeté et irrationalité des images de *L'Année dernière à Marienbad,* Robbe-Grillet (qui en est le scénariste) ne voit pour sa part qu'un « souci de réalisme », comme le repère Gérard Genette dans son très bel essai « Vertige fixé ». Il y a bien sûr une sorte d'analogie entre le déroulement complexe du film et le déroulement complexe de la pensée. Mais, plus que cela, il y a cette formidable perception du cinéma comme un médium qui ne peut être qu'au présent. Alain Robbe-Grillet l'a dit à de multiples reprises : le cinéma ne peut être qu'au présent parce que les images que capte une caméra sont

celles du présent. Aucune caméra n'a la capacité de filmer le passé ou le futur, contrairement à l'écriture où un même verbe peut être conjugué au présent, au passé ou au futur. *L'Année dernière à Marienbad* est donc un film entièrement au présent : toutes ses images, qu'elles soient issues du passé, du présent ou du futur, se télescopent dans un temps unique. Une même image conjugue parfois plusieurs temporalités, telle la fameuse scène dans le parc, où des personnages immobiles projettent de grandes ombres de fin d'après-midi sur le gravier, alors que les arbres des allées alentour n'en ont aucune, comme sous le soleil de midi. L'espace et l'architecture sont les seuls éléments à peu près stables du film, parce que le temps de l'architecture, ses transformations, son vieillissement sont beaucoup plus lents que ceux des gens. Dans ce cadre architectural relativement fixe où se croisent toutes les temporalités, s'entremêlent, s'amalgament, se dissolvent les différentes années dans un seul plan, dans une seule image ; et les personnages ne savent plus si c'était l'année dernière à Marienbad ou si c'est cette année ou la suivante, s'ils se sont déjà rencontrés ou s'ils ont déjà vécu cette situation. C'est à ce niveau-ci que le médium influence le déroulement de la fiction : les personnages du film et leur histoire se trouvent prisonniers de l'instrument qui les met en scène – une caméra qui filme toujours au présent.

Chez Dominique Gonzalez-Foerster, c'est aussi le choix d'une technique, le 35 mm, le super 8 ou la dv (vidéo digitale), qui génère un temps, un espace et qui prend littéralement en otage la réalité au présent. Dans *Atomic Park,* chaque bobine de 3 minutes de super 8 est utilisée en plan fixe dans

toute sa longueur, jusqu'à la saturation chimique finale. La nécessité de changer de bobine provoque le changement de point de vue ainsi qu'une rupture de la continuité du temps, un peu comme lorsque l'on s'efforce de garder les yeux ouverts jusqu'au moment où le besoin de cligner des yeux devient irrépressible. Et le film se construit avec ces fragments de présents recollés les uns aux autres. Mon travail d'architecte est de cet ordre. Il évolue dans le langage même de l'architecture, comme forme en amont de la fonction, provoquant l'apparition d'espaces inimaginables auparavant. Ainsi en est-il du projet de musée en Pologne (ill. 1, p. 62) qui, par une réflexion sur les nouvelles questions de transmission thermique des matériaux liées au développement durable, fait émerger des types d'espaces inconcevables il y a peu : par exemple, l'espacement de quelques millimètres entre les doubles vitrages des fenêtres est augmenté jusqu'à le rendre « habitable ». Ou encore du projet de maisons Mollier (ill. 2, p. 62) à Vassivière, dans le Limousin, qui tire de la gestion contemporaine de l'humidité relative de l'air de nouvelles typologies d'habitat et des usages inédits de l'espace.

L'influence du médium sur le contenu est également à l'œuvre chez Alain Robbe-Grillet. Le personnage principal de son livre *Dans le labyrinthe*, un soldat, est littéralement emprisonné deux fois : dans l'esprit d'un personnage qui l'imagine à partir d'un tableau le représentant, personnage lui-même imaginé par l'écrivain. En réalité, ce soldat, c'est aussi le lecteur, qui est entraîné à travers les pages du livre. L'emprisonnement prend la forme d'un labyrinthe où l'on évolue à l'aveugle, sans stratégie, sans passé ni futur, uniquement dans le présent de l'imaginaire de l'écrivain. L'ouvrage ne propose

aucun développement narratif, mais une simple errance dans l'espace et le temps qui se dessinent au fil des mots, tant au niveau de la lecture qu'à celui de l'écriture, puisque Robbe-Grillet écrit sans s'arrêter ni revenir en arrière, rigoureusement, en avançant de gauche à droite sur la page, de haut en bas, du début à la fin. Le livre se construit linéairement dans le présent.

Être piégé dans le temps, dans la répétition d'un moment, c'est peut-être un mode majeur de l'art mais aussi de la science depuis le début du XXᵉ siècle, en raison des possibilités qu'offre la reproductibilité. Dans la généalogie artistique de Dominique Gonzalez-Foerster, *L'Invention de Morel* d'Adolfo Bioy Casares, l'écrivain argentin et fidèle ami de Borges, fait figure de livre-clé. Les frères Quay en ont récemment donné une interprétation cinématographique, *L'Accordeur de tremblements de terre*, en l'hybridant avec *Le Château des Carpates* de Jules Verne. Sur l'île où se réfugie le fugitif, protagoniste du livre de Bioy Casares, un inventeur a mis au point une machine permettant d'enregistrer le présent et de le rediffuser. Écrit en 1940, l'ouvrage reprend les visions exprimées au XIXᵉ siècle, lors de l'invention du cinéma. On imaginait alors que l'on parviendrait sans peine, dans le futur, à enregistrer, en plus de l'image et du son, le volume, les odeurs, les températures, les taux d'humidité, les intensités lumineuses, soit l'ensemble d'un climat, d'un moment et, finalement, les êtres vivants. Cela permettait d'envisager une forme d'éternité, sujet central du *Château des Carpates.* Dans *L'Invention de Morel*, c'est une semaine complète, en été, qui est enregistrée et répétée inlassablement pour l'éternité à l'endroit où elle a été captée. La similitude thématique avec *L'Année dernière à Marienbad*

a souvent été mise en évidence. On trouve dans le récit de Bioy Casares des images assez proches du film de Robbe-Grillet, tel ce fantastique moment où les personnages de l'île de Morel se baignent comme en plein été dans une piscine remplie de feuilles mortes, sous un double soleil, à la fois estival et automnal. Mais, chez Robbe-Grillet, les troubles temporels sont générés par le cinéma en tant que forme et non par un seul effet de fiction.

Le thème de la répétition trouve peut-être son origine moderne dans « la mort de Dieu » chez Nietzsche et, surtout, dans la vision de « l'éternel retour du même » que le philosophe allemand a durant son séjour en Suisse, à Sils-Maria, en 1881. Ce concept lui vient de son intérêt pour la thermodynamique, science phare de cette fin du XIXe siècle, en particulier du livre *La Force* de J. G. Vogt qu'il avait commandé durant l'été à son ami Franz Overbeck. « Le postulat de la conservation de l'énergie exige l'éternel retour », écrit Friedrich Nietzsche en 1887. Un concept dont Jorge Luis Borges rappellera, en 1934, la teneur, dans son essai sur « La doctrine des cycles » publié dans l'*Histoire de l'éternité* : « Le nombre des atomes qui composent le monde est, bien que démesuré, limité, et susceptible en tant que tel d'un nombre limité (bien que démesuré lui aussi) de combinaisons. En un temps infini, le nombre des combinaisons possibles doit nécessairement être atteint et l'univers doit forcément se répéter. À nouveau tu naîtras d'un ventre, à nouveau ton squelette grandira, à nouveau cette même page arrivera entre tes mains identiques, à nouveau tu suivras toutes les heures jusqu'à celle de ta mort impensable. » Si ce concept apparaît à Nietzsche comme une

illumination, une véritable révolution dans sa pensée, s'il s'enthousiasme pour cette idée, c'est qu'il y trouve le moyen d'inventer une philosophie morale débarrassée de Dieu, seulement marquée par « la théorie du retour comme poids le plus redoutable ». « Celui qui ne croit pas au processus circulaire de l'univers doit livrer sa foi au dieu de l'arbitraire – ainsi, ma pensée s'impose comme antithèse de toutes les formes de théisme ! » écrit Nietzsche à l'automne 1881. « L'éternel retour », c'est donc l'invention d'une métaphysique sans Dieu, qui nous rend responsables de nos actions hors de la menace du châtiment divin. Selon cette morale moderne, chacune de nos actions, chacune de nos décisions, quelle qu'elle soit, se répétera un nombre infini de fois, pour l'éternité.

Dans son *Histoire de l'éternité,* Borges conteste à Nietzsche son explication des temps circulaires en constatant qu'il ne s'appuie que sur la première loi de la thermodynamique (« Rien ne se crée, rien ne se perd ») et qu'il oublie la seconde, celle de l'entropie : il y a en fait des processus irréversibles, par exemple la transformation de la lumière en chaleur alors que le contraire est impossible. (Toutefois, cette affirmation semble prêter à discussion et elle oppose, de nos jours, les tenants de la réversibilité de toute chose comme le physicien Stephen Hawking aux tenants de l'irréversibilité comme le chimiste Ilya Prigogine.) Ceci dit, ce n'est pas tant l'idée de l'éternel retour que Borges conteste que la manière dont Nietzsche l'énonce. Borges, pour sa part, pencherait plutôt pour l'interprétation d'un temps circulaire mais qui se dégrade peu à peu, associant en une théorie les deux principes de la thermodynamique. Et il cite à ce propos Schopenhauer : « Le mode de l'apparition de

la volonté est seulement le présent, non le passé ni l'avenir ; ces derniers n'existent que convention-nellement et pour le déroulement de la conscience, soumise au principe de raison. Personne n'a vécu dans le passé, personne ne vivra dans le futur ; le présent est le mode de toute vie. » Une phrase qui pourrait être d'Alain Robbe-Grillet et qui pourrait aussi très bien décrire les œuvres de Dominique Gonzalez-Foerster.

Les questions contemporaines conjointes de la globalisation et de l'immédiateté des communications réactualisent la notion d'éternel retour et, plus encore, la notion de présent continu. Il se produit en effet, et cela s'est très certainement amorcé au début du XIXᵉ siècle, une dégradation constante des notions de rythmes et de cycles. D'abord, l'introduction de l'éclairage public a sorti la ville de l'alter-nance du jour et de la nuit en inventant une sorte de jour continu, fait de soleil et de gaz. Le phéno-mène s'est amplifié *via* les télécommunications et Internet, qui créent une continuité spatiale instan-tanée du présent sur toute la planète, hors du cycle astronomique jour-nuit, hors du cycle biologique veille-sommeil, comme une sorte de second jour continu. Au cours du XXᵉ siècle, l'introduction du chauffage central a affaibli quant à lui l'alternance des saisons, réduisant l'année à une sorte de prin-temps moyen. Puis la globalisation des échanges a étendu cette sorte de faux printemps permanent au monde entier. Au sein de cette nouvelle astronomie, faussée par la technique moderne, j'ai conçu en 2005 deux projets qui s'apparentent à la construction de temporalités. L'un, en Pologne, à Gdansk, consiste à aménager une rue (ill. 3, p. 62), avec son mobilier et son éclairage, en y provoquant le

surgissement d'une fausse nuit dans le jour continu de la modernité. L'autre projet, sur une île en Autriche, institue un second été (ill. 4, p. 62), une fausse saison estivale qui dérive dans l'automne jusqu'en hiver. Ici et là, il s'agit en quelque sorte de pervertir la perversion moderne des rythmes naturels, climatiques et astronomiques. Intitulé *Jour noir,* le projet de Gdansk invente une nuit artificielle par la diffusion, durant la journée, d'un rayonnement électromagnétique nocturne, froid et noir, comme une mise en abîme de la nuit urbaine devenue un faux jour par l'éclairage public. Sur l'île autrichienne, la température du sol est maintenue toute l'année au-dessus de 0 °C, tandis qu'une reproduction lumineuse continue de la longueur du jour du solstice d'été crée en hiver des journées estivales de quinze heures, comme le 21 juin, et provoque des couchers et levers de soleil artificiels.

Dominique Gonzalez-Foerster montre des présents exacerbés, littéralement déployés, fabriqués dans la réalité des supports techniques employés. Le spectateur erre, attend, glisse dans la durée de la projection, soumis aux aléas du direct et du climat qui fabriquent, image après image, le film. Car il y a cette incroyable prééminence du présent dans son travail, un présent qui se déploie physiquement, narrativement dans la longueur d'une bande, qui se cristallise dans la composition chimique de la pellicule, dans son grain et sa lumière. *Riyo,* le film que Dominique a tourné en 1999 à Kyoto, est remarquable par l'intensité de cette captation synchronique d'un présent à travers ses dimensions spatiales, temporelles et climatiques. Se déroulant en travelling continu, la pellicule, longue de 300 mètres, construit une ligne précise dans l'espace. Son défilement dans la caméra en

fonction de sa vitesse correspond aussi à un temps, exact, de 10 minutes. Enfin, le film décrit un moment de la journée, cette fin d'après-midi où le soleil décline et où l'on passe, imperceptiblement, de la journée à la nuit. Par-dessus cette captation du présent flotte une narration, des paroles échangées par téléphones portables, comme un flot d'ondes déterritorialisé.

Les films de Dominique ne sont pas fondés sur un programme ou un scénario, ils sont un enregistrement du réel au présent, qui varie selon la technique cinématographique employée. Leur vrai sujet, leurs acteurs, ce sont les spectateurs eux-mêmes, qui se retrouvent à errer dans le présent d'une ville, soumis aux aléas du climat, coincés comme Dominique sous un pavillon dans un parc de Taipei en attendant qu'il cesse de pleuvoir, alors qu'ils pensaient visiter le parc. Le réel détermine le développement du film, le climat transforme le cours de l'action à mesure de sa propre transformation, l'irruption imprévue de la pluie conditionne la durée du film puisqu'il faut attendre qu'elle cesse pour pouvoir sortir de sous le pavillon et éteindre la caméra. Dénué de personnage principal, de sujet défini, le vide central devient une scène immense, comme à Brasília, une « scène à traverser ». L'absorption du spectateur est renforcée par l'emploi de sous-titres qui suppriment la distance avec l'auteur : en les lisant de sa propre voix, comme s'ils relevaient de sa propre pensée, le spectateur est entraîné dans les images qui deviennent alors celles de son présent. En cela, le rapport que Dominique entretient avec le spectateur rejoint l'ambition du protagoniste de *L'Invention de Morel* qui, après avoir totalement assimilé le déroulement de la semaine enregistrée et perpétuellement

reproduite, se projette lui-même dedans, s'y intègre corporellement pour l'éternité. Dominique Gonzalez-Foerster piège le spectateur dans ses films, comme le fugitif de Bioy Casares se piège dans la répétition d'une même semaine, comme le soldat se trouve piégé dans le labyrinthe de Robbe-Grillet. Pour ma part, *Dans le labyrinthe* m'a également piégé depuis deux ou trois ans car, ayant perdu mon marque-page, je lis ce livre sans fin, incapable de retrouver la page où j'étais resté la fois précédente, sans savoir jamais si je progresse ou si je reviens sans cesse en arrière.

1.

PROJET POUR UN MUSÉE TADEUSZ KANTOR
(Cracovie, Pologne, 2006)
Philippe Rahm architectes (Philippe Rahm, Jérôme Jacqmin).
Collaborateurs : Slah Ben Chaabane, Irene D'Agostino,
Konrad Chmielewski.

2.

MAISONS MOLLIER
(Vassivière, France, 2005)
Philippe Rahm architectes (Philippe Rahm, Jérôme Jacqmin).
Collaborateurs : Cyrille Berger, Irene D'Agostino,
Alexandra Cammas.

3.

JOUR NOIR
(Gdansk, Pologne, 2005)
Philippe Rahm architectes.
Collaborateurs : Cyrille Berger, Mustapha Majid,
Alexandra Cammas, Irene D'Agostino.

4.

LE SECOND ÉTÉ
(Eybesfeld, Autriche, 2005-2006)
Philippe Rahm architectes.
Collaborateurs : Jérôme Jacqmin, Cyrille Berger,
Alexandra Cammas, Mustapha Majid.

Son idée de la bibliothèque : sans murs ni bureau, c'est un large carré de moquette orange, des livres de science-fiction – autant dire d'évasion – posés en piles sur les bords du tapis, et le lecteur allongé à même le sol, entre lit et salon. Bibliothèque *open air*, décloisonnée, tout le contraire d'un cabinet de lecture, et il faut y lire d'emblée un certain *déplacement* de la littérature : sortie de sa réserve, échappée de la librairie, retraduite en espace, en couleurs, déplacée sur le sol d'un musée dont elle n'est pas séparée, reversée enfin dans le champ des arts visuels. La littérature : un art plastique.

L'œuvre de Dominique Gonzalez-Foerster m'apparaît ainsi souvent comme une littérature d'évasion. Non seulement parce que son Cosmodrome, *son* Park – Plan d'évasion *de Kassel et ses « Chambres » des années 1990 transportent le visiteur dans des fictions d'espaces où sont disposées les amorces d'un récit à reconstruire. Mais surtout dans la mesure où elle m'apparaît elle-même comme une « artiste littéraire » – notion très ancienne et qui se trouve ici repensée, déplacée hors du rapport d'emprunt, de rivalité et surtout de subordination des arts à la littérature qui prévalait du temps de l'*ut pictura poesis*[1]. Une « littéraire » mais détournée de sa vocation première, qui ne prend pas les textes « à la lettre » mais au contraire s'en affranchit et*

s'en déporte – et son œuvre, je la vois de même comme évadée de la littérature, sortie de l'espace du livre pour passer dans le vocabulaire plastique de l'exposition. À l'image de l'îlot formé par son tapis de lecture dans l'espace du musée, c'est ainsi que m'apparaissent certaines de ses installations, certaines de ses « Chambres » : tels des polders de littérature lentement détachés du continent littéraire.

Son idée de la bibliothèque : le *Tapis de lecture*. Un large carré de moquette orange et, posés en piles sur les bords du tapis, des livres de science-fiction – autant dire d'évasion – ou, dans une autre version, une anthologie personnelle de textes choisis par l'artiste, et toujours le lecteur allongé à même le sol : dans sa forme, la bibliothèque évoque le souvenir des lectures adolescentes – des heures passées à circuler entre le texte et les images, à regarder les illustrations insérées dans les livres, des heures passées dans les rayonnages de la Fnac ou sur les allées moquettées de la Maison de la culture. Ici la bibliothèque prend aussi la forme, liée à la petite enfance, d'un tapis d'éveil.

C'est dire combien la littérature est dans l'œuvre de Dominique Gonzalez-Foerster quelque chose comme un lieu d'origine. Une source, pour tout dire, mais tellement mise à distance, affranchie du texte et mise en espace que son « adaptation » n'en porte plus la trame, ni les personnages, forme artistique autonome que l'on peut très bien visiter sans avoir lu le livre dont elle est issue. Et c'est ainsi que ses « environnements » les plus explicitement référencés, tels son Mystère de la chambre jaune ou sa version minimaliste d'À rebours (où la maison luxuriante et névrotique de des Esseintes dans le roman de J.-K. Huysmans prend chez elle l'allure d'un trois pièces évidé, d'un pavillon moderniste à la Mies van der Rohe, d'une sculpture de Donald Judd, ou d'un open cube de Sol LeWitt), ces installations les plus ouvertement littéraires donc, sont peut-être moins des adaptations que des lieux où au contraire l'écart se creuse entre le texte d'origine et la mise en espace proposée par l'artiste. Là se manifestent avec évidence l'éloignement de la source, la détextualisation du récit et sa mise en espace, le rapport non littéral de DGF à la littérature.

Sa première idée de la bibliothèque : « inversée ». Œuvre de jeunesse, d'adolescence, en 1985 déjà, et DGF encore étudiante aux Beaux-Arts de Grenoble, la Bibliothèque inversée jouait entre sculpture et mobilier, inspirée par les bibliothèques privées que l'on trouvait chez bien des étudiants de l'époque : trois ou quatre étagères chargées de livres, soutenues sur les côtés par des briques récupérées sur un chantier. Renversement de situation : ici, les livres font office de briques et soutiennent les étagères, les briques rangées à la verticale prennent la place des livres. Et déjà en 1985, tout est là : le livre comme un soubassement de l'œuvre, la mise en espace de la littérature, l'oubli du texte au profit de la structure.

Il y a souvent des livres à l'origine lointaine de ses « environnements » : La Vie sur Epsilon *de Claude Ollier pour* Atomic Park, L'Invention de Morel *et* Plan d'évasion *d'Adolfo Bioy Casares pour son* Park – Plan d'évasion *de la Dokumenta de Kassel. Et pour* L'Améthyste, *l'une de ses premières « Chambres », un roman de David Goodis dont elle avait récemment oublié le titre[2], preuve de l'éloignement de la source. On remarquera que cette anthologie personnelle est notamment constituée d'auteurs non pas mineurs mais plutôt « de second plan », ou d'arrière-pays. Ce que DGF nomme elle-même « une littérature extrême ». Claude Ollier plutôt qu'Alain Robbe-Grillet. Bioy Casares plutôt que Borges. Ou, chez Stendhal, la* Vie de Henry Brulard *et ses petits plans dessinés à la main par l'auteur, plutôt que* Le Rouge et le Noir. *Autant dire une littérature qui résonne moins directement dans la conscience collective, dont la connaissance est plus rare, où l'attachement au texte, où le respect de la lettre peuvent se faire plus flottants – et je ne suis pas loin de considérer que l'acte de lecture s'apparente chez elle à une activité*

rêveuse, à une séance de rêve, propice à l'évasion de l'esprit hors du texte et à la transposition du roman en espace. « Le plaisir du texte, c'est ce moment où mon corps va suivre ses propres idées[3]. »

Son idée du spectateur : allongé à même le sol sur un large carré de moquette orange, et les livres autour de lui posés en piles sur les bords du tapis, il est d'abord le visiteur de l'exposition et, par extension, l'occupant de la « chambre », le voyageur du Cosmodrome, l'habitant du Park. Élément moteur de l'environnement, c'est par lui que la moquette orange devient tapis de lecture. Dans sa convivialité épurée, la bibliothèque de DGF réintègre ainsi la littérature au sein d'une « esthétique relationnelle » qui avait volontairement écarté l'interaction très ancienne entre le livre et son lecteur. « Les livres les plus utiles sont ceux dont les lecteurs font eux-mêmes la moitié » (Voltaire, préface du Dictionnaire philosophique). Et Ponge après Duchamp : « C'est seulement le lecteur qui fait le livre, lui-même, en le lisant. »

Si le lecteur est aujourd'hui un spectateur, à l'inverse, chez elle, le spectateur est invité comme lecteur de l'exposition. Au regard distrait, glissant ou zappeur, la lecture substitue en effet un modèle plus attentif de visionnage des œuvres, soit une activité mentale d'absorbement et d'immersion dans le récit. Si le livre est une vision-machine, un Cosmodrome, un Exotourisme, à l'inverse, les « environnements » de DGF sont un « espace littéraire », une structure narrative largement déconstruite, notamment par la vacance du personnage : à ce titre, Dominique Gonzalez-Foerster m'est régulièrement apparue en héritière lointaine et indirecte des auteurs du Nouveau Roman. Comme dans « ces livres dont vous êtes le héros », qui l'ont tant fascinée, mais aussi comme dans La Modification *de Michel Butor, entièrement narré à la deuxième personne du pluriel et dont « vous » êtes le personnage, ses installations accomplissent pleinement cette « Modification » du spectateur en personnage principal de l'œuvre. D'où sa présence d'abord évanouie : véhicule traditionnel de la fiction, support d'une identification qui entraîne le lecteur dans les aventures du récit, le personnage est d'abord chez DGF un obstacle à la prise de possession des lieux, à la libre circulation mentale du spectateur dans le récit spatialisé de l'installation. « Il ne me faut pas de personnage dans l'image. Si quelqu'un est allongé sur le lit, ça oriente inévitablement la lecture. C'est évident. La présence d'un personnage fait qu'on est dans une question de mise en scène définitive. [...] J'avais cette idée de film, tourner un film et puis en gommer les personnages, ne plus garder que les espaces[4]. » Mais le personnage, maintenant, c'est vous, et il revient hanter les lieux sous la forme du spectateur : sur le tapis de lecture, le visiteur est* l'aspect sous lequel le personnage traditionnel, déconstruit et évidé tout au long du XXᵉ siècle, fait aujourd'hui retour à l'intérieur des récits – le spectateur est un revenant, un fantôme de personnage.

Son idée de la bibliothèque : un home-cinéma. À la fois intime et public, entre chambre et *open air*. Tant il est vrai aujourd'hui que le livre est lu sur le mode du cinéma, que la lecture s'apparente pour nous au visionnage d'un film et que le lecteur d'un roman procède mentalement à son adaptation filmique, à sa novellisation[5], processus facilité ici par le minimalisme zen et l'architecture dématérialisée du « tapis de lecture » – un multiplex de cinéma, avec tous ces livres posés au sol comme autant de films intérieurs offerts au visiteur de l'exposition.

Aux bords de l'exposition, entre tapis de lecture, home-cinéma, polder lentement détaché du continent littéraire et architecture open air, *la bibliothèque s'élargit ici à l'horizon de la médiathèque – mouvement symptomatique d'une conception ouverte de la relation entre les arts : contre la séparation moderniste des médias, les liens d'espace qui constituent en grande part la géographie de DGF valent aussi pour son postmodernisme flottant – la littérature, le cinéma, l'exposition, l'architecture sont chez elle des champs contigus, ouverts les uns aux autres, perméables, interpénétrés, et qui se mélangent encore au gré d'un mouvement d'expansion à d'autres sensations plus lointainement culturelles, à « d'autres formes de perceptions et d'émotions, rêves, souvenirs, lumière, son, température, ambiances[6]… » Autant dire que son régime esthétique, c'est la « synesthésie », la correspondance entre les arts chère à Baudelaire et aux symbolistes, mais qui fait l'objet chez elle d'une remédiation toute contemporaine.*

Son idée de la bibliothèque : horizontale. Et les livres posés sur le carré de moquette orange, c'est-à-dire redistribués à l'égal, et non classés par ordre alphabétique, par genre, par collection ou par auteur. Soit une bibliothèque étale, nivelée, une culture déhiérarchisée où la science-fiction côtoie l'essai philosophique, où Philip K. Dick a autant de valeur que Stendhal, Huysmans ou Robbe-Grillet.

Dominique Gonzalez-Foerster entretient ainsi une relation paralittéraire à la littérature. À l'image de ces couvertures de livres de poche dont les illustrations génèrent déjà une première lecture évasive, indépendamment du texte lui-même. Et, de fait, il y a dans son monde des livres toute une « paralittérature », terme employé par la culture lettrée et l'université pour différencier de la « haute » littérature les autres productions écrites : livres de science-fiction, romans policiers, littérature fantastique, livres illustrés qu'on lit comme des romans-photos, albums de jeunesse, récits de voyage, bandes dessinées… En les conviant sur le tapis de lecture et dans ses environnements, Dominique Gonzalez-Foerster élargit naturellement la notion de littérature à ces écrits « limites », souvent eux-mêmes transgénériques, aux personnages (Ann Lee) et aux contenus facilement adaptables : du livre au film, de la bande dessinée au grand écran, mais aussi du marché japonais au marché européen. À distance des lecteurs qui maintiennent encore une stricte ségrégation entre belles-lettres et création populaire, l'œuvre de Dominique Gonzalez-Foerster participe à l'essor progressif d'une autre lecture des textes, plus plastique, plus proche de l'adaptation, plus ouverte au passage des frontières et des genres. La lecture : un art plastique.

1. « Ut pictura poesis », la poésie est comme une peinture : expression du poète latin Horace extraite de son *Art poétique,* devenue du XVIᵉ au XVIIIᵉ siècle la formule emblématique de la relation de comparaison et de rivalité entre les arts. Règles de convenance, d'imitation, hiérarchisation des genres, obligation pour le peintre de faire preuve d'érudition et de respecter à la lettre les textes antiques ou bibliques : la théorie classique et normative de l'*ut pictura poesis* présuppose une analogie profonde entre les disciplines artistiques, et consacre la rhétorique et la littérature comme sources d'inspiration privilégiées et modèles d'excellence pour les autres arts.
2. David Goodis, *La Pêche aux avaros,* Paris, Gallimard, 1967.
3. Roland Barthes, *Le Plaisir du texte,* Paris, Seuil, 1973, p. 17.
4. Entretien avec Philippe Parreno publié dans la revue *Documents sur l'art contemporain,* n° 7, mars 1995.
5. Voir Jan Baetens, « La novellisation, un genre contaminé ? », *Poétique,* n° 138, Paris, Seuil, avril 2004, pp. 235-251.
6. « Tropicalité », *Dominique Gonzalez-Foerster, Pierre Huyghe, Philippe Parreno,* cat. exp., ARC-musée d'Art moderne de la Ville de Paris, Paris, Paris musées, 1998, p. 120.

PAGES 68 À 78 : UNE PROPOSITION ICONOGRAPHIQUE DE JEAN-MAX COLARD

ROULETABILLE

LE MYSTERE
DE LA CHAMBRE JAUNE

ÉDITION AVEC DOSSIER

Huysmans
À rebours

Présentation
par Daniel Grojnowski

GF Flammarion

MICHEL BUTOR

LA MODIFICATION

LE NOUVEAU ROMAN

jean ricardou

ℳécrivains de toujours

Nathalie
Sarraute

Le planétarium

Claude Ollier

La vie sur Epsilon

Textes   Flammarion

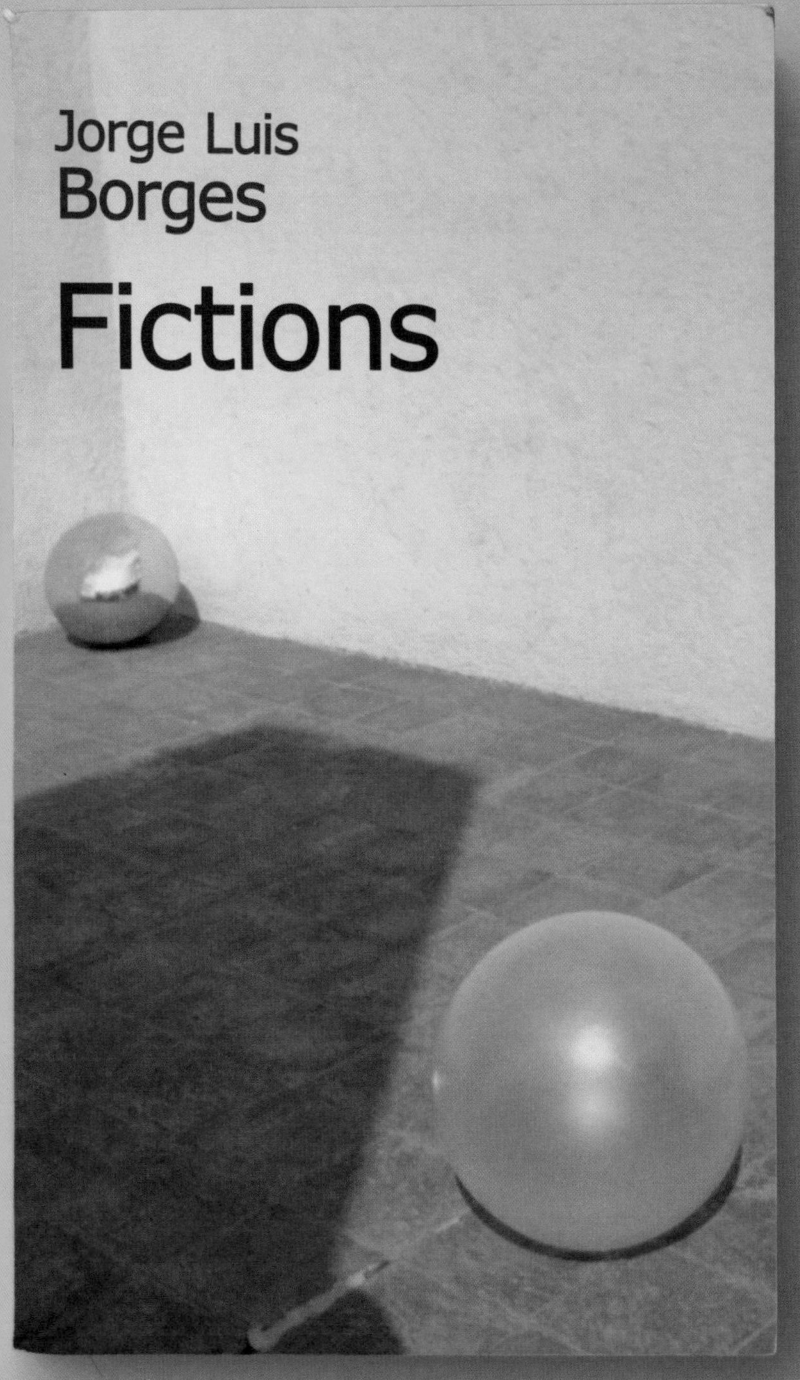
Jorge Luis
Borges
Fictions

Adolfo
Bioy Casares
L'invention
de
Morel

domaine étranger

10
18

Un roman
dont vous êtes
Le héros

LISETTE LAGNADO / COUCHE ATMOSPHÉRIQUE

« Esclaves cardiaques des étoiles,
Nous avons conquis le monde entier avant de nous lever du lit ;
Mais nous nous réveillons et il est opaque,
Nous nous levons et il est absent,
Nous quittons la maison et il est la terre entière,
Plus le système solaire, et la Voie lactée et l'Indéfini. »

Fernando Pessoa, « Bureau de tabac[1] »

Un texte à venir est un texte à frémir. Quand bien même de plaisir. Dans mon obscurité, les mots précèdent les pratiques. Le plaisir provient de la possibilité d'écrire, une fois de plus. Je vois encore « ma » scène originelle avec Dominique Gonzalez-Foerster. Quand le travail d'un artiste est perçu sans en connaître l'identité formelle, sans savoir à quel univers il appartient. Scène sans texte. C'est à peine si j'eus un échange avec une autre artiste, brésilienne. L'an 2000 : je m'enfonce. Un tapis orange sur le sol, des livres négligemment disposés m'invitent à une pente. *Tapis de lecture,* si simple qu'il en devient presque insolent. Pourquoi se baisser par rapport au niveau général de l'exposition ? Le fantasme de DGF : donner au public l'occasion d'un séjour de durée indéterminée, de pure intériorité. Peu à peu me sont venus à l'esprit les « *Ninhos* » (« Nids ») d'Hélio Oiticica, qui vivait dans son loft à New York. « *Babylonests* », nichés dans la Babylone de l'Amérique du Nord : publications, disques, cassettes, machine à écrire, drogues et miroir – un monde à la portée du corps, juste pour le satisfaire, une hétérotopie au sens de Michel Foucault. Le tapis, on le sait, est déjà un petit parc (ou un jardin).

Les années passées, le tapis envolé. Lorsque je me suis mise à la recherche de l'auteur de *Park – Plan d'évasion* (Kassel, Dokumenta 11[2]), nous étions en été 2002 et le lien avec *Tapis de lecture* demeurait dans l'ombre. Je voulais une interview mais n'avais pas de magnétophone, je n'étais pas préparée. De passage à Paris. Je tente le coup et voilà que la banalité continue : l'artiste décroche le téléphone. Je suggère la Brasserie Lipp mais il faut lui expliquer comment s'y rendre. « Vous n'êtes pas française ? » Elle affirme que « si ». Qu'elle voyage beaucoup et que, pour le moment, elle habite à Paris. « Où vous sentez-vous chez vous ? – Partout, répond-elle, surtout là où je ne comprends pas

la langue de l'Autre. Ainsi, je peux faire attention au paysage. »
Aujourd'hui, je sais que les films de Dominique Gonzalez-
Foerster se déroulent plus ou moins de cette façon. Lorsqu'elle
est libérée de toute qualité. Se laissant être étrangère, émigrante.
Notre rythme biologique n'a pas une disposition symétrique.
Pour elle, la notion de « patrie » a presque un sens asphyxiant.
Elle vit en transit. La trajectoire de DGF renvoie à une collection
de villes humides, exotiques : Bangkok, Chandigarh, Delhi,
Hiroshima, Hong-Kong, Kyoto, Mexico, Shanghai, Taipei… et

trois villes brésiliennes : Brasília, São Paulo, Rio de Janeiro. DGF
est un nom propre qui tient en trois lettres. Comme FGT dans
Perfect Lovers, comme JLG. Le livre *Alphavilles ?* de DGF est un
manifeste en faveur des bordures (de la modernité, de l'urba-
nisme, des langues) – avec des images qui explorent quatre-
vingts villes, de A(capulco) à Z(urich). Dans l'œuvre de quelques
artistes, pour lesquels l'espace est un protagoniste, la vie de
l'homme n'existe pratiquement pas, elle est pour ainsi dire *neu-
tralisée.* Les évolutions du quotidien, les suites d'événements,
insignifiants ou importants, l'instabilité de la définition de l'espace vis-à-vis des corps qui le traversent, rien de tout cela ne

compte. Cette pensée sévit encore parmi les chantres de la culture autonome et même parmi ceux de l'installation. Mais DGF évolue dans le domaine de l'architecture, sans pour autant se vouloir architecte. Je dirais que c'est une artiste environnementale, pour lui épargner la tâche de la critique à l'espace public. L'essentiel peut être recueilli en trois pages de W. G. Sebald, grâce au caractère silencieux et inquisiteur de ses personnages. Pour DGF, nous jouons également, nous sommes vus de dehors.

Après la jonction architecte-artiste, dont le projet fut un échec lors de la mise à l'épreuve de sa fonctionnalité, voici venir la personne qui s'inscrit au sein de l'architecture et fait parler l'espace ; et le tire du sommeil de la planche à dessin. Cette catégorie d'artiste m'intéresse car elle réunit deux caractéristiques : artiste « constructeur » et, comme je l'ai déjà énoncé, artiste « environnemental ». On connaît cette prédominance dans la caméra de DGF, le choix d'une condition atmosphérique – la pluie par exemple. Le lieu incite à se dégager de l'intériorité évoquée avec l'expérience-tapis, il a gagné de l'ampleur. Dans ses films, il peut y avoir un amphithéâtre, un parc, une plage, une ville, un désert, mais tous sont teintés de subjectivité. Comme dans *L'Année dernière à Marienbad* (film d'Alain Resnais sur un scénario d'Alain Robbe-Grillet), DGF est attirée par la construction d'un dispositif dans

l'espace qui mette l'image en mouvement – d'où la difficulté d'analyser son œuvre sans aborder d'autres moyens d'expression. Ses petits films décrivent l'expérience d'une rencontre, y compris ma tentative d'écriture. Les voix *off* ou les sous-titres, à la limite du monocorde, narrent une « découverte environnementale ».

Le point de départ de son projet pour la 27e Biennale d'art contemporain de São Paulo[3], *Double Terrain de jeu (pavillon, marquise)*, est une prospection : comment un architecte, Oscar Niemeyer, se permet-il de reprendre, un demi-siècle plus tard, son propre projet, la marquise du parc Ibirapuera, en en démolissant une partie afin de construire un auditorium[4] ? Ce n'est pas par hasard que DGF va forcer le dialogue avec cet architecte brésilien, connu pour la vocation « sculpturale » de ses œuvres. La description physique de *Double Terrain de jeu* ne demande que deux lignes : duplication de colonnes existantes, de manière à créer un « bosquet » artificiel, dans le Pavillon d'exposition et sous la marquise du parc. DGF a, sans le vouloir, pressenti que le paysagisme de Roberto Burle Marx (1909-1994) aurait pu être plus généreux en arbres, de même que les autorités du parc se sont aperçues que la structure de la marquise était sur le point de s'écrouler.

Un autre quartier de São Paulo, Higienópolis, recèle encore des immeubles d'habitation alliant verticalité urbaine et jardins tropicaux. Rino Levi (1901-1965) était un architecte connu sous le nom de « rationaliste des tropiques » pour avoir fait usage du brise-soleil afin d'éviter l'exposition directe à la chaude lumière du soleil[5]. João Baptista Vilanova Artigas (1915-1985) a légué à ce quartier l'immeuble Louveira (1946), deux blocs de bâtiments avec jardin intérieur. Prouesse technologique, les pilotis font du rez-de-chaussée un lieu de rencontre avec la nature. Gérer un espace creux, cependant pas vide, qui allie paysage et architecture[6]. Artigas souhaitait qu'il soit « possible d'être citoyen et artiste à la fois ».

Le premier pas consiste alors à inclure le terme de « marquise » dans le vocabulaire de DGF (parc, plage, etc.). Comprendre l'importance d'une plate-forme couverte mais ouverte sur ses marges. Cette marquise renferme deux concepts dominants dans les manuscrits d'Hélio Oiticica, « *world as shelter* » et « *bodywise* », deux chapitres esquissés dans les années 1970 pour son livre inachevé *Newyorkaises*. Le « *world as shelter* » qualifierait la marquise d'« *enclosed outside* » (« huis clos en plein air »). La dalle suspendue, récurrente dans l'architecture moderne de São Paulo au cours des années 1910-1950, protège des aléas climatiques. C'est un toit. Dans le complexe architectural du parc Ibirapuera, la marquise relie les différents bâtiments entre eux. Dans l'une des courbes de ce vaste plan horizontal, à la fois *un dedans* et *un dehors,* DGF a compris le défi. Elle a conçu un « pénétrable », sans laisser de « mode d'emploi » à l'intention des visiteurs. L'autre *Terrain de jeu* est situé dans le Pavillon d'exposition, formant un parallèle aux brise-soleil.

Lors de la Dokumenta 11, DGF avait mis en œuvre l'effet « duplication » à travers la projection d'un montage vidéo reproduisant le parc de Kassel. Comment savoir alors ce qui faisait partie du parc (originel) et ce qui y avait été ajouté ? À l'occasion, Adolfo Bioy Casares (*L'Invention de Morel* et *Plan d'évasion*) était le gond de cette expérience de « détective », selon l'artiste, qui avait apporté là des mémentos urbains de différentes villes : une cabine téléphonique bleue, une flaque en mosaïque de verre, des guirlandes lumineuses, une roche volcanique, une chaise, un banc, une petite plage de sable blanc… Or, pour la 27e Biennale de São Paulo, alors que l'« exotourisme » représentait un écueil évident, DGF n'a eu recours qu'à des matériaux locaux. Comment se retrouver en plein dans sa source obsessionnelle d'inspiration, la qualité tropicale, et formuler la convivialité d'une rencontre ?

Misant sur l'économie de matériaux, sur les éléments typiques de la modernité brésilienne, DGF a conçu un itinéraire entre deux plans, aussi indépendants qu'interdépendants l'un de l'autre.

Le volume des colonnes qui forment *Double Terrain de jeu* surplombe une vaste étendue délimitée, d'un côté, par d'autres cimaises, de l'autre, par quelques pilotis. Dans le premier cas, le visiteur se trouve à l'intérieur d'un lieu saturé, qui exige un regard averti, qui le conditionne à une attente esthétique ; dans le second cas, le visiteur embrasse d'un seul regard le groupe de colonnes isolé, les arbres et la pelouse. En effet de symbiose, *Terrain de jeu* est immédiatement assimilé par les pilotis d'Oscar Niemeyer.

La marquise fonctionne comme une place d'échange et de circulation. Cette étendue de presque 600 m^2 est surtout occupée par des skate-boarders, amateurs et professionnels. Leur petite planche glisse, trace des sauts en l'air avant de retrouver son équilibre. Je suis passée plusieurs fois par ce « ventre » ouvert, densément peuplé. C'est ça, l'« environnemental », de sorte que « la passivité au sein du système du monde-spectacle[7] » ne constitue plus un problème. Des enfants jouent à cache-cache et d'interminables baisers se déroulent en plan-séquence. J'ai accompagné jusqu'à *Terrain de jeu (marquise)* – réplique de *Terrain de jeu (pavillon)* – des visiteurs ne connaissant pas

l'Ibirapuera. Pour qu'ils ne repartent pas bredouilles. J'ai toujours eu recours à la même tactique : l'approche prudente, en tenant une conversation au hasard, gratuite, sans rapport avec mon objectif. De loin, l'œuvre se maintient anonyme. La scène peut-être la plus impressionnante à laquelle j'ai assisté en cet endroit s'est déroulée en une fin d'après-midi de novembre. Ciel gris à l'extérieur. Dans le bosquet de plâtre salissant, un homme immobile, aussi immobile que les colonnes, accroché à son saxophone. *Terrain de jeu* avait atteint une qualité acoustique. Plateau de théâtre, zone boisée exposée à l'occupation involontaire. Le son emplissait les alentours de chaleur et de mélancolie. Sans cet ensemble de colonnes pour soutenir le musicien, il n'y aurait pas de distinction entre une vie qui s'écoule et une vie gonflée d'un *différant* esthétique. Je sais aujourd'hui que cet homme solitaire en a pris possession, il habite « son » *Terrain de jeu.* J'en prends soin aussi, vérifiant l'état des colonnes, découvrant des fissures, lisant les graffitis, dans l'espoir d'en rencontrer d'autres, des fous comme nous[8].

Toutes ces scènes icono-narratives auraient pu constituer un autre scénario, à durées parallèles : ce qui se passe *à l'intérieur du pavillon* et ce qui se passe *à l'extérieur du pavillon* ; ou, pour le dire autrement, *à l'intérieur de la marquise* et *à l'extérieur de la marquise.* Là est soulevée la question de l'inadéquation d'une linéarité : le *Terrain de jeu* du Pavillon d'exposition et le *Terrain de jeu* de la marquise sont « jumeaux », mais écartés l'un de l'autre. Je crois que chacun rêve à la nature qui lui fait défaut, souhaite voir des visiteurs qui ne viennent pas. Notre déplacement les affranchit de l'angoisse de leur immobilité, du temps qui ne passe pas. Il faut sortir du lieu sacré de l'exposition, le Pavillon, pour que la vue du *Terrain de jeu (marquise)* vienne nous rappeler que l'expérience de la mémoire est fragmentée. À la différence de la trame complexe de *Marienbad,* l'un permet la reconnaissance de l'autre. Si, sous la marquise, l'ensemble de pilotis-caméléons admet presque la possibilité d'appartenir à l'architecture – une architecture que Niemeyer n'aurait jamais signée ! –, dans le Pavillon d'exposition, il y a une unité logique du bâtiment qui prépare à la multiplication compulsive. Les doigts repliés tapotent chaque cylindre vertical, on compare leurs textures, à la recherche de la colonne de soutènement. C'est le jeu de prédilection de *Terrain (pavillon).* Retrouver l'originale, la « vraie », la différence entre art et architecture. Comme si.

Hélio Oiticica s'est trouvé confronté à un moment de réflexion analogue à celui de Dominique Gonzalez-Foerster alors qu'il rédigeait son « Programme environnemental ». En voici un extrait assez révélateur : « Lorsque je propose des situations, comme celles que je souhaite mener à terme – <u>projet central park</u> et autres –, dans des contextes différents, je ne veux pas créer des œuvres, ou transformer ingénument un environnement en œuvre.

La structure-abri-labyrinthe, ou quelle que soit sa forme, est le lieu où doivent être formulées des <u>propositions ouvertes</u>, telle une <u>pratique</u> non rituelle, et je la compare à un "cirque sans rituel ni spectacle", un <u>auto-théâtre</u> dans lequel les rôles sont brouillés : performer, spectateur, action, rien de tout cela ne s'inscrit dans un lieu ou un moment privilégié, toutes ces activités se produisent de manière ouverte, en même temps, dans des lieux différents ; il n'est pas non plus urgent de créer quoi que ce soit : l'auto-performance de chacun serait l'activité globale qui relie tout[9]. »

Ce fut une autre époque. Un point commun réunit pourtant Hélio Oiticica et Dominique Gonzalez-Foerster : la persistance à redouter l'enfermement de l'institution. Des personnes s'allongent sur la pelouse pour regarder les étoiles, sans que leur temps soit compté. Le « loisir » est sans doute inhérent aux régions tropicales. Un loisir non programmé, fait de durée et de vécu – une qualité contre l'ennui. Créer des environnements revient à questionner la prétendue équivalence entre la dépense (Bataille[10]) et les passe-temps qui nous transforment en objets jetables. Il ne suffit pas de voir. Ni de comprendre.

1. Fernando Pessoa, *Œuvres poétiques d'Álvaro de Campos,* traduit du portugais par Michel Chandeigne et Pierre Léglise-Costa, Paris, Christian Bourgois Éditeur, 1988.

2. Voir « Le plan d'évasion de Gonzalez-Foerster » sur http://p.php.uol.com.br/tropico, rubrique « *em obras* », 12 septembre 2002.

3. Pavillon d'exposition, parc Ibirapuera, 7 octobre-17 décembre 2006.

4. Voir Lisette Lagnado et Adriano Pedrosa (éd.), *27ᵉ Bienal de São Paulo. Como viver junto / How to Live Together,* éd. bilingue portugais/anglais, São Paulo, Fundação Bienal de São Paulo, 2006, p. 64. Des études indiquent par ailleurs que l'auditorium et le planétarium sont les éléments architecturaux les plus importants de cet ensemble de bâtiments.

5. Le parc Ibirapuera a été l'objet de plusieurs propositions d'aménagement. En 1951, Ciccillo Matarazzo invita Rino Levi à constituer une équipe de planification. D'après l'architecte Manuella Marianna Andrade, « le parc a été inauguré officiellement le 21 août 1954, et conçu comme un projet d'espace artistique et culturel, récréatif et sportif ».

6. À l'occasion de la Biennale 2006, Dan Graham a réalisé une structure hors du Pavillon d'exposition, en verre, acier inoxydable et bois, intitulée *Hommage à Vilanova Artigas.*

7. Hélio Oiticica, « Notes », New York, 10 juin 1971.

8. En portugais, « terrain de jeu » se dit *parquinho.* Ce terme ne correspond pas à la traduction littérale, mais c'est l'équivalent le plus couramment employé. Lorsqu'il habitait à New York, de 1970 à 1978, Hélio Oiticica parlait de *playground* pour donner davantage de sens à la vocation de proposition de ses « pénétrables ».

9. Hélio Oiticica, « *Anotações para serem traduzidas para o inglês : para uma próxima publicação* » [« Annotations à traduire en anglais : pour une prochaine publication »], New York, 1ᵉʳ septembre 1971, p. 3. Toutes les citations d'Hélio Oiticica sont consultables sur www.itaucultural.org.br, rubrique « Programa Helio Oiticica ».

10. Voir Georges Bataille, « La notion de dépense » [1933], *Œuvres complètes,* Paris, Gallimard, coll. « Blanche », 1970.

DOMINIQUE GONZALEZ-FOERSTER / EXPODROME

JEAN-MAX COLARD

Né en 1968. Vit à Paris.
Critique d'art comme d'autres
sont critiques rock ou de cinéma.
Responsable de la page « Arts »
du magazine *Les Inrockuptibles*.
Collaborateur régulier du magazine *Artforum*, de la revue *02* et
de France-Culture.
Spécialiste de la littérature française de la Renaissance et ancien
élève de l'École normale supérieure, il est maître de confé-
rences à l'université Lille 3. Il
travaille parallèlement à une
recherche extra-universitaire sur
les relations entre le Nouveau
Roman et l'art contemporain, pour
laquelle il a reçu une allocation
de recherche délivrée par le Centre national des arts plastiques.
Il a été le commissaire de plusieurs expositions : « Books-
machines », Colette, Paris, décembre 2003 ; « Wim Delvoye, Cloaca :
productions », galerie des Multiples, Paris, novembre 2004 ; «
Offshore », Espace Ricard, Paris
– CAPC, Bordeaux – Centre d'art
Attitudes, Genève – MAC, Marseille, 2005-2006 ; « Sol système », Centre d'art Passerelle,
Brest, été 2006 ; « Linder, We
who are her hero », galerie LH,
Paris, septembre 2006.
Dernier ouvrage publié : *After*
(avec Thomas Lélu), Sternberg
Press/Villa Arson, 2006.
Projet en cours : *Rêves critiques*.

NICOLAS GHESQUIÈRE

Né en 1971 à Comines (France).
Vit à Paris.
Nicolas Ghesquière est directeur artistique de Balenciaga.
À l'âge de quinze ans, il entre-
prend plusieurs stages dans différentes maisons de couture.
De 1991 à 1993, il est assistant
au Studio Jean Paul Gaultier. De
1993 à 1996, il est *free lance
designer*. En 1995, il entre chez
Balenciaga, dans le département Licences. Nommé directeur artistique de la maison Balenciaga en 1997, il y présente sa
première collection de prêt-à-
porter pour le printemps-été 1998.
En parallèle, il travaille comme
designer auprès des maisons
Trussardi en 1997 et 1998, et
Callaghan en 1999 et 2000.
Nicolas Ghesquière apporte un
renouveau certain à la maison
Balenciaga (acquise par Gucci
en 2001). En 2000, il lance le sac
« classic ». En 2001, il introduit
la collection hommes. En 2004,
s'inspirant des collections haute
couture de Cristobal Balenciaga,
il crée Balenciaga.Edition, puis
il lance une collection de chaus-
sures pour la saison automne-
hiver. L'année suivante, il introduit les collections « capsules » :
Balenciaga.Knit et Balenciaga.
Pants pour l'automne-hiver 2005
et Balenciaga.Silk pour le printemps-été 2006. Suit Balenciaga.
Leather pour la collection automne-
hiver 2006.
Nicolas Ghesquière a reçu le
prix « Avant Garde – Designer
of the Year » à New York en octobre 2000, puis le prix « International Designer » CFDA à New
York en 2001. En mai 2006, il
figure au « Time 100 » de *Time
Magazine,* classement des cent
personnes les plus influentes
au monde.
L'ouverture des boutiques Balenciaga à Paris (avenue George-V)
et à New York (22nd Street) en
2003 a marqué le début de la collaboration de Nicolas Ghesquière
avec Dominique Gonzalez-
Foerster.

FRANCESCA GRASSI

Vit à Arnhem (Pays-Bas) et à
Paris. Graphiste, Francesca
Grassi est actuellement en rési-
dence au Master programme de
la Werkplaats Typographie.
Dernières éditions :
- Francesca Grassi/Lukas Wass-
mann (éd.), *Holzkopf*, 2006.
- Francesca Grassi (éd.), ~~A Jour-
ney that Wasn't,~~ with Pierre Huy-
ghe, Jay Chung and Q Takeki
Maeda, 2006.
- Francesca Grassi (éd.), *Making
the Specialist Smile, a biogra-
phy of fictions,* 2006.
Projets d'édition en cours :
Rirkrit Tiravanija, Ari Marcopou-
los, Piero Golia.

LISETTE LAGNADO

Née en 1961, à Kinshasa (Congo).
Vit au Brésil depuis 1975. Doc-
teur en philosophie de l'Université de São Paulo, elle a réalisé
sa thèse sur Hélio Oiticica et son
« Programme environnemental ».
Elle débute sa carrière dans le
domaine de l'art en 1981, comme
éditrice de la revue *Arte em São
Paulo,* puis travaille pour la revue
Galeria et pour le journal *Folha
de São Paulo* (1990-1991). La
première exposition qu'elle organise, « La présence du ready-
made » (musée d'Art contemporain de l'Université de São
Paulo – MAC/USP) reçoit le prix
de l'APCA (Meilleure exposition
de l'année) en 1993. Cette même
année, elle développe le « projet Leonilson », visant à recen-
ser tous les travaux de cet artiste
brésilien, qui aboutit à une rétrospective itinérante et à un livre,
*Leonilson. São tantas as verda-
des.* Elle publie, en 1994, *Conver-
sações com Iberê Camargo* et
assure, en 1999, le commissariat de l'exposition consacrée à
ce grand peintre brésilien lors
de la 2e Biennale du Mercosur.
En 1996, elle est membre du
Comité d'organisation d'« Antarc-
tica Artes com a Folha », événement destiné à faire émerger
de nouveaux talents au Brésil,
comme Rivane Neuenschwan-
der, Marepe, Laura Lima, Cabelo
et Jarbas Lopes. De 1999 à 2002,
Lisette Lagnado coordonne le
site web « Programa Helio Oiticica », qui réunit environ 80 %
de la production théorique de
l'artiste (www.itaucultural.org.br).
Depuis 2001, elle coédite la revue
électronique *Trópico* (www.uol.
com.br/tropico), l'une des publications conviées à participer à
la Dokumenta 12, à Kassel. En
2003, son séminaire traitant des
nouveaux modes de participation en art la mène à une exposition, « Modos de usar » (élue
Meilleure exposition de l'année
par le guide *Mapa das Artes*).
En 2004, elle est responsable
de la sélection des galeries brésiliennes pour l'ARCO, la célè-
bre Foire d'art contemporain qui
se tient à Madrid, dans la sec-
tion « Up & Coming ». Enfin, en
2006, elle est commissaire générale de la 27e Biennale d'art
contemporain de São Paulo.
Lisette Lagnado publie régulièrement dans des catalogues et
revues spécialisées, organise
des colloques et siège dans différents jurys universitaires et
comités de sélection.

ANGE LECCIA

Né en 1952, en Corse. Vit à Paris.
Son outil de prédilection est la
caméra vidéo et le *leitmotiv* de
son œuvre une poursuite inin-
terrompue de la lumière. Il se
fait connaître dans les années
1980 par ses « Arrangements »,
mises en scène minimales d'objets au travers de films, de photographies (*Valmy,* 1989) et d'installations (*Le Baiser,* 1985). Son
travail s'articule autour d'une
réflexion sur l'image et sur le
principe d'exposition. Dans les
années 1990, il collabore avec
Dominique Gonzalez-Foerster

pour plusieurs projets : *Île de beauté* (1996), *Moment Ginza* (1997) ou encore *Gold* (2000). Cette collaboration donne lieu, en 1999, à une exposition commune au LACE (Los Angeles Contemporary Exhibitions), « Reality-Paradox-Utopia » et, en 2000, à une proposition du Purple Institute au Centre Pompidou, « Elysian Fields ». En 2002, DGF et Ange Leccia réalisent ensemble une vidéo sur la tournée de Christophe (*Christophe Olympia 2002*).

De nombreuses expositions personnelles lui sont consacrées : à la galerie Almine Reich, « Avant travaux » (2003), « Ruins of Love » (2006) ; ainsi qu'à l'ARC-musée d'Art moderne de la Ville de Paris : « Leccia – La mer » (2003). Il participe à l'exposition inaugurale du MacVal, à Vitry-sur-Seine, en 2005 et à « La force de l'art », au Grand Palais, en 2006.
Ange Leccia dirige actuellement le Pavillon, unité de recherche du Palais de Tokyo, site de création contemporaine, à Paris.

HANS ULRICH OBRIST

Né en 1968, à Zurich. Hans Ulrich Obrist est conservateur et commissaire d'expositions.
Depuis 1991, il a assuré le commissariat de plus de 150 expositions à travers le monde, parmi lesquelles : « Do It, Take Me, I'm Yours » (Serpentine Gallery, Londres, 1995), « Cities on the Move » (1997-1999, Shanghai, Vienne, Bordeaux, New York, Copenhague, Londres, Bangkok), « Live/Life » (ARC-musée d'Art moderne de la Ville de Paris, 1996), « Nuit Blanche. Scènes nordiques : les années 90 » (ARC-musée d'Art moderne de la Ville de Paris, 1998), la 1ᵉ Biennale d'art contemporain de Berlin (2000), « Manifesta 1 » (Rotterdam, 1996),

« Uncertain States of America » (Astrup Fearnley Museum of Modern Art, Oslo, 2005 ; Serpentine Gallery, 2006), la 1ᵉ Biennale d'art contemporain de Moscou (2005) ou la 2ᵉ Triennale de Guangzhou (Canton, Chine, 2005). Il est conservateur au Museum in progress de Vienne de 1993 à 2000, puis au musée d'Art moderne de la Ville de Paris de 2000 à 2006. En ce dernier lieu, il coorganise de nombreuses expositions personnelles d'artistes majeurs, tels Olafur Eliasson, Pierre Huyghe, Philippe Parreno, Rirkrit Tiravanija, Anri Sala, Steve McQueen ou Doug Aitken. En avril 2006, Hans Ulrich Obrist intègre la Serpentine Gallery, à Londres. Il y est le codirecteur chargé des expositions et du programme, ainsi que le directeur des projets internationaux.

PHILIPPE RAHM

Né en 1967, à Pully (Suisse). Vit à Paris et à Lausanne.
Diplômé de l'École polytechnique de Lausanne et de Zurich, il exerce en tant qu'architecte depuis 1993. De 1995 à 2004, il est associé avec Jean-Gilles Décosterd au sein de l'agence d'architecture Décosterd & Rahm. Philippe Rahm est résident à la villa Médicis, à Rome, en 2000. Puis il participe à un grand nombre d'expositions à travers le monde : « Archilab », Orléans (2000), MoMA de San Francisco (2001), musée d'Art moderne de la Ville de Paris (2001), Tirana Biennial (2001), Valencia Biennial (2003), Center for Contemporary Art, Kitakyushu (2004), Mori Art Museum, Tokyo (2005), FRAC Centre, Orléans (2005), Centre Pompidou, Paris (2003, 2005 et 2007), Kunsthaus Graz (2006). En 2002, il représente la Suisse à la 8ᵉ Biennale d'archi-

tecture de Venise. Jusqu'en juin 2007, le Centre canadien d'architecture de Montréal lui consacre une importante exposition, pour laquelle Philippe Rahm a invité Alain Robbe-Grillet à interpréter son architecture sous forme de fictions d'usages et de lieux.
Philippe Rahm mène aussi une carrière d'enseignant : professeur invité à l'École nationale supérieure des beaux-arts de Paris en 2003, puis à l'Académie d'architecture de Mendrisio en Suisse en 2005 et 2006, il est professeur à l'AA School de Londres en 2005-2006. Il est professeur aujourd'hui à l'ECAL (École cantonale d'art de Lausanne) et à l'EPFL (École polytechnique fédérale de Lausanne). Philippe Rahm travaille actuellement à plusieurs projets architecturaux privés et publics en France, Pologne, Royaume-Uni et Autriche.

ANGELINE SCHERF

Vit à Paris. Conservateur en chef à l'ARC, département contemporain du musée d'Art moderne de la Ville de Paris, Angeline Scherf a assuré le commissariat de très nombreuses expositions, dont : « L'hiver de l'amour » (co-commissaires : Olivier Zahm, Elein Fleiss, Dominique Gonzalez-Foerster), 1994 ; « Dominique Gonzalez-Foerster, Pierre Huyghe, Philippe Parreno », 1998 ; « Gabriel Orozco », 1998 ; « Voilà. Le monde dans la tête » (co-commissariat), 2000 ; « Philippe Parreno », 2002 ; « Steve McQueen », 2003 ; « Doug Aitken », 2005 ; « Cerith Wyn Evans », 2006 ; « Karen Kilimnik », 2006. Elle signe par ailleurs de nombreux textes publiés dans des catalogues d'expositions et des revues spécialisées.

BIOGRAPHIE

Née en 1965, à Strasbourg.
Vit à Paris et à Rio de Janeiro.

EXPOSITIONS PERSONNELLES

2004
_Multiverse, Kunsthalle
Zürich, Zurich *
_Alphavilles ?, deSingel
International Arts Centre,
Anvers *
_Atomic Park,
galerie Jan Mot, Bruxelles

2003
_Artist in Focus (Rotterdam
Film Festival), Museum
Boijmans van Beuningen,
Rotterdam

2002
_Exotourisme (avec
Christophe Van Huffel),
Prix Marcel Duchamp 2002,
Centre Pompidou-musée
national d'Art moderne,
Paris *
_Ann Lee in Anzen Zone,
Koyanagi Gallery, Tokyo

2001
_Riyo – Central, Portikus,
Francfort-sur-le-Main
_About (avec Philippe Parreno
et Pierre Huyghe),
Contemporary Arts Center,
Cincinnati (Ohio)
_Cosmodrome (avec Jay-Jay
Johanson), Le Consortium,
Dijon
_Quelle architecture pour
Mars ?, Le Consortium, Dijon
_Ann Lee in Anzen Zone,
Schipper & Krome, Berlin ;
galerie Jennifer Flay, Paris

2000
_Ipanema Theories, BQ,
Cologne
_Dominique Gonzalez-
Foerster, Philippe Parreno,

Pierre Huyghe, Kunstverein in
Hamburg, Hambourg
_Episodic, Capacete
Enterprise, Rio de Janeiro
_Ann Lee in Anzen Zone,
galerie Mot & Van den
Boogaard, Bruxelles

1999
_Pavillon d'argent et Variante
de la cure type, galerie Mot &
Van den Boogaard, Bruxelles
_Séance de Shadow III
(orange, bleue),
Schipper & Krome, Berlin
_Tropicale Modernité (avec
Jens Hoffmann), Fundació Mies
van der Rohe, Barcelone *
_Intériorisme, galerie Jennifer
Flay, Paris

1998
_Home Cinema,
Robert Prime Gallery, Londres
_88:88, Kaiser Wilhelm
Museum, Krefeld (Allemagne) *
_Dominique Gonzalez-
Foerster, Pierre Huyghe,
Philippe Parreno,
ARC-musée d'Art moderne
de la Ville de Paris, Paris *

1997
_Milwaukee Art Museum,
Milwaukee (Wisconsin)
_Moment Ginza,
Koyanagi Gallery, Tokyo

1996
_Residence : color,
galerie Jennifer Flay, Paris
_Home Cinema, Robert Prime
Gallery, Londres
_cd-room, École nationale
des beaux-arts de Lyon ;
The Rum, Malmö (Suède)
_Zone de tournage,
« Fri-Art », Fribourg
_Sturm, Schipper & Krome,
Cologne
_Une chambre en ville,
galerie Mot & Van den
Boogaard, Bruxelles

_Fille/Garcon (Sento),
Koyanagi Gallery, Tokyo
_Double loge biographique,
galerie Jennifer Flay,
« Art Basel », Bâle

1994
_Dominique Gonzalez-
Foerster, Eva Marisaldi,
Galerie Analix – B&L Polla,
Genève, Milan *
_Intérieurs, Stedelijk Museum,
Bureau Amsterdam,
Amsterdam *
_Chambres atomiques,
Galerie Ars Futura, Zurich
_Les heures, galerie Jennifer
Flay, Paris

1993
_Numéro bleu, ARC-musée
d'Art moderne de la Ville de
Paris, Paris *
_Museum Robert Walser,
Hotel Krone, Gais (Suisse)
_RWF, « Hohenzollernring 74,
November Project : Esther
Schipper/Michael Krome »,
Cologne

1992
_Cabinet de pulsions,
Air de Paris, Nice
_Nos années 70 et autres
récits, Galerie du mois, Paris
_Et la chambre orange,
villa Arson, Nice

1991
_Le Mystère de la chambre
jaune, Esther Schipper,
« XII. Art Brussels », Bruxelles
_The Daughter of a Taoïst,
Esther Schipper, Cologne

1990
_(avec Maria de Medeiros),
galerie Gabrielle Maubrie,
Paris
_The Mind of a Mnemonist,
Esther Schipper, Cologne

1988
_Bienvenue à ce que vous
croyez voir, galerie Gabrielle
Maubrie, Paris

1987
_La ligne 19&&,
Galerie de Paris, Paris

1986
_Mouchoirs abstraits,
bibliothèque de l'École des
beaux-arts, Grenoble

EXPOSITIONS COLLECTIVES

2007
_Skulptur Projekte Münster,
Münster (Allemagne)
_Airs de Paris,
Centre Pompidou-musée
national d'Art moderne, Paris

2006
_Como viver junto/How to
Live Together, 27e Biennale de
São Paulo, São Paulo *
_Tropicália : A Revolution in
Brazilian Culture, Museum of
Contemporary Art, Chicago ;
Barbican Art Gallery,
Londres ; Centro Cultural de
Belém, Lisbonne ; The Bronx
Museum of the Arts, New York
_All Hawaii Entrees/Lunar
Reggae, Irish Museum of
Modern Art, Dublin
_Curating the Library,
deSingel, Anvers
_Faster ! Bigger ! Better ! :
Signetwerke aus den
Sammlungen, Zentrum für
Kunst und Medientechnologie
(ZKM), Karlsruhe (Allemagne)
_Sol système, Centre d'art
Passerelle, Brest
_Body and Soul : Regard sur
une collection privée, FRAC
Provence-Alpes-Côte d'Azur,
Marseille

* indique un catalogue d'exposition

_Anne Collier, Dominique Gonzalez-Foerster, Roger Hiorns, Colter Jacobsen, Corvi-Mora Gallery, Londres
_Cinémas, Le Magasin, Grenoble
_Raconte-moi/Tell Me, Casino Luxembourg, Luxembourg
_Parc central (Anna Sanders Films/MK2) « Nuits tropicales », Palais de Tokyo, Paris

2005
_Tropical Abstraction, Stedelijk Museum, Bureau Amsterdam, Amsterdam
_Lichtkunst aus Kunstlicht, Museum für Neue Kunst, Karlsruhe (Allemagne)
_Flirt, Centre culturel francais, Milan
_Bidibidobidiboo, Fondazione Sandretto Re Rebaudengo, Guarene/Turin
_Ambiance, K21, Kunstsammlung im Ständehaus, Düsseldorf
_20 Years Caixa Forum, Caixa Forum, Barcelone
_Manon de Boer and Brussels, Van Abbemuseum, Eindhoven (Pays-Bas)
_Wall Pieces, galerie Jan Mot, Bruxelles
_Nederland niet Nederland, Van Abbemuseum, Eindhoven (Pays-Bas)
_Utopia Station Hauserkunst, Utopia Station, Munich
_Alguns Llibres d'Artista/ A few Artist's books, ProjectSD, Barcelone
_City Sonics : Transcultures/ Naïve, Mons (Belgique)

2004
_Before the end, Le Consortium, Dijon
_Nanook Cinema, « DAK'ART 2004 », The Biennial of Contemporary African Art, Dakar

_Strategies of Desire, Kunsthaus Baselland, Muttenz/Bâle
_Anna Sanders Films, « Worldwide Video Festival », Filmmuseum, Amsterdam
_Teasing Minds – Workshop « Challenging the conservative brain », Kunstverein München, Munich
_Ralentir vite, Le Plateau, Paris
_The Big Nothing, Institute of Contemporary Art, Philadelphie (Pennsylvanie)
_David Pestorius projects, Brisbane (Australie)
_Samsung Media Lounge, « Senef 2004 », Séoul
_Espace odyssée, les musiques spatiales depuis 1950, musée de la Musique, Paris

2003
_Utopia Station, Biennale de Venise, Venise *
_49. Internationale Kurzfilmtage, Oberhausen (Allemagne)
_Made in Paris, Londres
_GNS, Palais de Tokyo, Paris *
_Happiness. A Survival Guide for Art and Life, Mori Art Museum, Tokyo *
_No Ghost, Just a Shell : The Ann Lee Project, Van Abbemuseum, Eindhoven (Pays-Bas) *
_Micro-utopias, Bienale de Valencia, Valence *
_Outlook, Athènes
_C'est arrivé demain (avec Jay-Jay Johanson), Biennale d'art contemporain, Lyon *
_Tirana Biennale, Tirana
_Dominique Gonzalez-Foerster in persona, Biennial on Media and Architecture, Graz (Autriche)

2002
_Anywhere Out of the World, in « Exchange & Transform »,

Kunstverein München, Munich
_Malerei ohne Malerei, Museum der Bildenden Künste, Leipzig
_Dokumenta XI, Kassel *
_Häuser für Leipzig. KünstlerInnen als ArchitektInnen, Galerie für Zeitgenössische Kunst, Leipzig
_Ten Years Ars Futura, Galerie Ars Futura, Zurich
_Liverpool Biennial, Liverpool *
_Pusan Biennial, Pusan (Corée) *
_Screen Memories, Art Tower, Mito (Japon)
_Vila do Conde, « Film Festival », Portugal
_No Ghost, Just a Shell, Kunsthalle Zürich, Zurich ; Institute of Visual Culture, Cambridge
_The Gift, Centro Culturale Candiani, Venise
_Tomio Koyama Gallery, Tokyo
_Opening Show, galerie Jan Mot, Bruxelles
_The Air is Blue, Casa Luis Barragán, Mexico

2001
_In Between, Crestet-Centre d'art, Vaison-la-Romaine
_A World within a Space, Kunsthalle Zürich, Zurich *
_exhibition², IASPIS, Stockholm
_Egofugal, Biennale d'Istanbul, Istanbul *
_doublelife. Identität und Transformation in der zeitge-nössischen Kunst, Generali Foundation, Vienne
_Ein Raum ist eine Welt, Kunsthalle Zürich, Zurich ; Mamco, Genève
_Filmes de Artistas, Festival do Rio, Rio de Janeiro
_Megawave – Towards a New Synthesis, International

Triennale of Contemporary Art, Yokohama (Japon) *
_Do It, Museo de Arte Carrio Gill, Mexico
_Unreal Time Video, Fine Art Center, Séoul
_« Quinzaine des réalisateurs », Festival de Cannes (présentation de Riyo et Central), Cannes

2000
_Elysian Fields, Centre Pompidou-musée national d'Art moderne, Paris *
_Voilà. Le monde dans la tête, ARC-musée d'Art moderne de la Ville de Paris, Paris *
_Ich ist etwas Anderes. Kunst am Ende des 20. Jahrhunderts, Kunstsammlung Nordrhein-Westfalen, Düsseldorf
_Xn00, Espace des arts, Châlon-sur-Saône *
_Des arts plastiques… à la mode : rencontres avec des jeunes talents, Christie's, Paris
_What If. Art on the Verge of Architecture and Design, Moderna Museet, Stockholm *
_Présumés innocents. L'art contemporain et l'enfance, CAPC-musée d'Art contemporain, Bordeaux ; Kunstverein in Hamburg, Hambourg *
_All you can eat (« Permanent Food »), Galerie für Zeitgenössische Kunst, Leipzig
_Voyager à la verticale, Maison de la Villette, Parc de la Villette, Paris
_The Real and the Fake (avec Pierre Huyghe et Philippe Parreno), Nationalgalerie im Hamburger Bahnhof, Berlin
_Brave New World, galerie Jennifer Flay, Paris
_City Vision Screens, Media-city Seoul, Séoul *

---

* indique un catalogue d'exposition

1999
Vloeibaar Harnas, Exedra, Hilversum (Pays-Bas)
fast forward body check, Kunstverein in Hamburg, Hambourg
Get Together – Kunst als Teamwork (« Permanent Food », avec Maurizio Cattelan), Kunsthalle Wien am Karlsplatz, Vienne
Changement d'air, musée d'Art moderne, Villeneuve-d'Ascq
Dapertutto, Biennale de Venise, Venise *
8ᵉ Biennale de l'image en mouvement, Centre pour l'image contemporaine, Saint-Gervais/Genève

1998
Berlin, Berlin, Biennale de Berlin *
Manifesta 2, Casino-Forum d'art contemporain, Luxembourg *
La sphère de l'intime, Printemps de Cahors, Cahors *
Inglenook, Feigen Contemporary, New York
Domestique, Attitudes, Genève
Premises : Invested spaces in visual arts, architecture and design from France, 1958-1998, Guggenheim Museum Soho, New York *

1997
Images, objets, scènes. Quelques aspects de l'art en France depuis 1978, Le Magasin, Grenoble
It always jumps back and finds its way, de Appel, Amsterdam
Was Nun ?, Schipper & Krome, Berlin
Moment Ginza, Le Magasin, Grenoble * ; Färgfabriken-Center for Contemporary Art and Architecture, Stockholm *

Niemandsland, Haus Lange und Haus Esters, Krefeld (Allemagne) *
Cities on the Move, CAPC-musée d'Art contemporain, Bordeaux ; Wiener Secession, Vienne ; Hayward Gallery, Londres ; Louisiana Museum, Copenhague ; Filmcity, Bangkok * (jusqu'en 1999)
Inside Out (avec Xavier Boussiron), Städtische Ausstellungshalle Am Hawerkamp, Münster (Allemagne)
Angela Bulloch, General Idea, Liam Gillick, Dominique Gonzalez-Foerster, Candida Höfer, Jochen Klein, Eva Marisaldi, Philippe Parreno, Robert Prime, Londres
Urban Mirages (avec Xavier Boussiron), « Hiroshima Art Document´97 », Minami-Cho, Hiroshima
Kunst. Arbeit, Südwest LB, Stuttgart
Dans chien il y a…, Collection du FRAC Aquitaine, Le Parvis, Pau

1996
Entre-deux, galerie Mot & Van den Boogaard, Bruxelles
Collezionismo a Torino (avec Patricia Sandretto Rebaudengo), Castello di Rivoli, Turin
Auto-Reverse, Le Magasin, Grenoble
Traffic (avec Delphine Zampetti), CAPC-musée d'Art contemporain, Bordeaux *
Dites-le avec des fleurs, galerie Chantal Crousel, Paris
Beige, Saga Basement, Copenhague
Joint-venture, Stephano Basilico, New York
Files, Art as position in the age of global technologies, Bunker, Berlin

1995
The Moral Maze, Le Consortium, Dijon
Toys, galerie Jousse-Seguin, Paris
Caravanseray of contemporary art, Pescara (Italie)
A Space, Tapko Overgaden, Copenhague
Collection, fin xxᵉ, FRAC Poitou-Charentes, Angoulême ; musée Sainte-Croix, Poitiers *
Hotel Mama-Aperto 95, Kunstraum Wien, Vienne
Alles was modern ist, Galerie Bärbel Grässlin, Francfort-sur-le-Main

1994
Handmade, Friesenwall 116a : Schipper & Krome, Berlin
Don't look now, Thread Waxing Space, New York *
L'hiver de l'amour, ARC-musée d'Art moderne de la Ville de Paris, Paris * ; _Winter of Love_, P.S.1, New York *
Collection, fin xxᵉ, FRAC Poitou-Charentes, Hôtel Saint-Simon, Angoulême
Cocktail I, Kunstverein in Hamburg – Foyer, Hambourg
RAS rien à signaler, Galerie Analix – B&L Polla, Genève *
Miniatures, The Agency, Londres
Sonnemünchen, Daniel Buchholz, Cologne
Soggetto-Soggetto, Castello di Rivoli, Turin
Backstage, Kunstmuseum, Lucerne *

1993
Documentario, Spazio Opos, Milan *
Esther Schipper at Christopher Grimes Gallery, LA International, Santa Monica (Californie)

Domorama, La Criée, Rennes
Les Éditions Belle Haleine, Galerie de Expeditie, Amsterdam
Just what is it that makes today's homes so different, so appealing ?, galerie Jennifer Flay, Paris
Eau de Cologne 83-93, Monika Sprüth Galerie, Cologne
June, galerie Thaddaeus Ropac, Paris
Emergency, Aperto, Biennale de Venise, Venise *
Backstage, Kunstverein Hamburg, Hambourg *
Hôtel Carlton Palace, chambre 763, hôtel Carlton Palace, Paris
Unplugged : The Demo Video Tape, Holiday Inn, Cologne
Dokumentationsraum, Esther Schipper, Cologne
Project unité, immeubles Le Corbusier, Firminy *
Comme rien d'autre que des rencontres, Museum van Hedendaagse Kunst (MUHKA), Anvers *

1992
Huitièmes ateliers internationaux des Pays de la Loire, FRAC Pays de la Loire, La Garenne Lemot/Gétigné, Clisson *
Le dimanche de la vie, Galleria Giò Marconi, Milan *
Exhibit A, Serpentine Gallery, Londres *
Molteplici culture : Arte e Critica, Casa della citta, Rome ; Museo del Folklore, Rome *
lying on top of a building the clouds seemed no nearer than they had when I was lying on the street, Le Case d'Arte, Milan ; Monika Sprüth Galerie, Cologne

---

* indique un catalogue d'exposition

_Manifesto, a traveling Poster Exhibition in a tube, organisé et produit par l'API(NY) et le Castello di Rivara, Rivara (Italie)
_Informationsdienst, Ausstellungsraum Künstlerhaus, Stuttgart
_Through the Viewfinder, Stichting De Appel, Amsterdam *
_I, Myself and Others, Le Magasin, Grenoble
_Les survivants, Galerie de Paris, Paris
_One + One, Galerie du mois, Paris
_Tattoo Collection, Air de Paris, Nice ; galerie Jennifer Flay, Paris ; Galerie Daniel Buchholz, Cologne ; Andrea Rosen Gallery, New York
_Iconografia Sveviana, Le Case d'Arte, Milan
_Dirty Data – Sammlung Schürmann, Ludwig Forum für Internationale Kunst, Aix-la-Chapelle *
_Twenty Fragile Pieces, Galerie Analix – B&L Polla, Genève, Milan *

1991
_Real Time, Art Metropole, Toronto
_Gulliver's Travels, Galerie Sophia Ungers, Cologne *
_Itinerari, Castello di Rivara, Rivara (Italie)
_No Man's Time, villa Arson, Nice *
_French Kiss II, Centre d'art contemporain-APAC, Nevers
_L'amour de l'art, Biennale d'art contemporain, Lyon
_Parcours privés, 11 sculpteurs investissent 11 cours du Marais, Paris ; Le Magasin, Grenoble *
_Topographie II : Untergrund, installations vidéo dans le métro, Wiener Festwochen, Vienne *

_Plastic Fantastic Lover (object a), Blum Helman Warehouse, New York *
_L'esprit bibliothèque, Galerie du mois, Paris *

1990
_The Köln Show, dans 9 galeries, Cologne *
_French Kiss I, A Talk Show, Halle sud, Genève *
_Grenoble in Innsbruck, Galerie im Taxispalais, Innsbruck (Autriche) *
_Courts métrages immobiles, Le Prigioni, Venise *
_Au commencement, Centre d'art contemporain, de la Chaussade, Guérigny *
_No, Not That One, It's not a Chair, Galerie 1900-2000, Paris *
_The Multiple Project Room, Air de Paris, Nice

1989
_Bientôt trois ans, galerie Gabrielle Maubrie, Paris
_Genetics, Esther Schipper, Cologne
_Fictions, aéroport de Mirabel, Montréal *
_De l'instabilité, Centre national des arts plastiques, Paris *
_Ozone (avec Bernard Joisten, Pierre Joseph, Philippe Parreno), Centre d'art contemporain-APAC, Nevers ; Esther Schipper, Cologne

1988
_El Permeable del Gesto, Centro Galileo, Madrid
_Villa Redenta 2, Spolète (Italie) *
_E3, Institute of Modern Art, Brisbane (Australie)

1987
_Journal, Journal, Los Angeles
_San Roque 3, appartement privé, Madrid

_In de Lege Ruimte, galerie De Lege Ruimte, Bruges ; École des beaux-arts, Grenoble *

FILMOGRAPHIE
_Parc central, dvd, 50', 2006, Anna Sanders Films/MK2
_Atomic Park, film 35 mm, 9', 2004, Camera lucida productions/Anna Sanders Films
_Bashung(s), 56', 2004 ; Climax 4, 5', 2003 ; Elvire, 4'50", 2004 (2 vidéo-clips), in Alain Bashung, La Tournée des grands espaces, vidéo, dvd, 2004, Camera lucida productions/Garance productions/Barclay, un label Universal Music
_Malus (avec Ange Leccia), film 35 mm, 22', 2003, Camera lucida productions
_Christophe Olympia 2002, incluant Parking, 12', Le hasard est un don, 12' (avec Ange Leccia), création vidéo, dvd, 2002, AZ, un label Universal Music/ Camera lucida productions
_Plages, film 35 mm, 15', 2001, Anna Sanders Films/ Le Fresnoy
_Central, film 35 mm, 10'30", 2001, Anna Sanders Films
_Ann Lee in Anzen Zone, vidéo, 3'25", 2000, Anna Sanders Films/Ante Films
_Gold (avec Ange Leccia), film 35 mm, 45', 2000, Camera lucida productions
_102 (avec Ole Scheeren), vidéo, 51', 2000, Media-city Seoul
_Ipanema Theories, vidéo, 90', muet, 1999, Fonds national d'art contemporain
_Riyo, film 35 mm, 10', 1999, Anna Sanders Films

_Moment Ginza (avec Ange Leccia et Anne Fremy), vidéo, 8'25", 1997, Le Magasin/ Färgfabriken
_Île de beauté (avec Ange Leccia), film 35 mm, 70', 1996, Camera lucida productions
_Residence : color, cd-rom, 1995, production : Dominique Gonzalez-Foerster et Tommaso Corvi-Mora, avec le concours du ministère de la Culture, délégation aux Arts plastiques (Fiacre)
_Ada en ADA, vidéo, 8'52", 1990, Centre national des arts plastiques

RÉALISATIONS PERMANENTES
_Sainte-Bazeille (avec Martial Galfione), Utrecht, 2006
_Trèfle (avec Piero Gilardi), PAV – Parco d'Arte Vivente, Turin, 2006
_Jardin des dragons et des coquelicots, MC2, Grenoble, 2004
_Bonne Nouvelle, station cinéma, Paris, 2001-2003
_Moment Dream House, maison construite pour Daisuke Miyatsu, Tokyo, 2000-2003

COLLABORATIONS ARCHITECTURALES ET MUSICALES
_Espaces Balenciaga, New York, Paris, Londres, Hong-Kong et Milan, 2002-2007 (avec Nicolas Ghesquière, assistés de Martial Galfione)
_Ed Kuepper's MFLL (concert-projections), Biennale of Sydney, Sydney, 2004
_Ce qui arrive (musique : Olga Neuwirth), « Festival d'automne », Cité de la

* indique un catalogue d'exposition

Musique, Paris ; Graz, Vienne, Cologne, 2004
_Satellite Blue Palace (avec Christophe Van Huffel), atelier de création radiophonique, France-Culture, 1er juin 2003
_La Tournée des grands espaces, avec Alain Bashung, mise en images de la tournée 2003
_La Route des mots, avec Christophe et Ange Leccia, mise en images de la tournée 2002

COMMISSARIATS ET SCÉNOGRAPHIES D'EXPOSITIONS
2006-2007 « Balenciaga Paris », musée des Arts décoratifs, Paris *
(en collaboration avec Nicolas Ghesquière), direction artistique et scénographie
2004 « Espace odyssée, les musiques spatiales depuis 1950 », musée de la Musique, Paris
2000 « Elysian Fields », Centre Pompidou-musée national d'Art moderne, Paris (avec Elein Fleiss et Olivier Zahm, Purple Institute)
1997 « Moment Ginza », Le Magasin, Grenoble
1995 « Purple 8$^{1/2}$ », galerie Jousse-Seguin, Paris (avec les rédacteurs de Purple Prose)
1994 « L'hiver de l'amour », ARC-musée d'Art moderne de la Ville de Paris ; « The Winter of Love », PS1, New York (avec les rédacteurs de Purple Prose)
1993 « June », galerie Thaddaeus Ropac, Paris (avec les rédacteurs de Purple Prose)
1991 « Rêve, Fantaisie », Galerie du mois, Paris (avec Bernard Joisten et Elein Fleiss)

1989 « 23 (33) images de l'art francais », Maison centrale de l'artiste, Moscou
1988 « 19&& », École du Magasin, Le Magasin, Grenoble

SITE WEB
www.dgf5.com

ÉTUDES
1988-1989 Institut des hautes études en arts plastiques, Paris
1987-1988 École du Magasin, Grenoble
1982-1987 École supérieure des beaux-arts de Grenoble

PRIX/RÉSIDENCES
2002 Prix Marcel Duchamp, Paris *
1996-1997 Prix Mies van der Rohe, Krefeld (Allemagne)
1996-1997 Résidence, villa Kujoyama, Kyoto (Japon)
1994 Résidence, ARCUS-Project, Moriya (Japon)

Dominique Gonzalez-Foerster est représentée par :
_Esther Schipper, Berlin
_Galerie Jan Mot, Bruxelles
_Tommaso Corvi-Mora Gallery, Londres
_Koyanagi Gallery, Tokyo

BIBLIOGRAPHIE

MONOGRAPHIES

_Tropicalisation, Genève, JRP/Ringier, Anvers, deSingel, 2006
_Alphavilles ?, Zurich, JRP/Ringier, Dijon, Les presses du réel, 2004
_Moment Dream House. Dominique Gonzalez-Foerster & Daisuke Miyatsu, Mori Art Museum, Tokyo, 2004
_Films Dominique Gonzalez-Foerster, Dijon, Les presses du réel, 2003
_Park – Plan d'évasion, Gent, Imschoot, 2002
_Stéphanie Moisdon, Dominique Gonzalez-Foerster, Paris, Hazan, 2002
_Tropicale Modernité, Fundació Mies van der Rohe, Barcelone, ed. Jens Hoffmann, 1999
_88:88, Moment, Kaiser Wilhelm Museum, Krefeld, Krefelder Kunstmuseum, 1998
_Moment Ginza : une proposition de Dominique Gonzalez-Foerster, Le Magasin, Grenoble, Färgfabriken-Center for Contemporary Art and Architecture, Stockholm, 1997
_Intérieurs – Dominique Gonzalez-Foerster, Stedelijk Museum, Bureau Amsterdam, Amsterdam, 1994
_Biographique. Numéro bleu, Paris, ARC-musée d'Art moderne de la Ville de Paris, 1993

CATALOGUES ET OUVRAGES COLLECTIFS

_27ª Bienal de São Paulo. Como viver junto/How to Live Together, parc Ibirapuera, São Paulo, Fundação Bienal de São Paulo, 2006

_Sylvia Martin, Art vidéo, Paris, Taschen, 2006

_Barbara Vanderlinden et Elena Filipovic, The Manifesta Decade. Debates on Contemporary Art Exhibitions and Biennials in Post-Wall Europe, Bruxelles, Roomade Book, 2005
_Des deux côtés du Rhin, Cologne, Snoeck, 2005
_Tacita Dean et Jeremy Millar, Lieu, Londres, Thames & Hudson, 2005
_Tropicália : A Revolution in Brazilian Culture, Carlos Basualdo (éd.), São Paulo, Museum of Contemporary Art, Chicago, The Bronx Museum of the Arts, New York, Barbican, Londres, Gabinete Cultura, São Paulo, Cosac Naify Edições Ltda., 2005
_Yves Aupetitallot, Magasin 1986-2006, Zurich, JRP Ringier, 2005

_The Collection of 21st Century Museum of Contemporary Art, Kanazawa (Japon), 2004-2005
_Turbulenz, Portikus Projekte 2001-2004, Francfort-sur-le-Main, Portikus, 2004

_Bienale de Valencia. Comunicacion entre las artes, Valence, Generalitat Valenciana, 2003
_C'est arrivé demain – Avant, Biennale d'art contemporain de Lyon, Dijon, Les presses du réel, 2003
_GNS global navigation system, Palais de Tokyo, Paris, Cercle d'art, 2003
_Happiness. A Survival Guide for Art and Life, Tokyo, Mori Art Museum, 2003
_Nicolas Bourriaud, Postproduction, Dijon, Les presses du réel, 2003

_No Ghost, Just a Shell : The Ann Lee Project, Van Abbemuseum, Eindhoven, 2003
_Utopia Station, Biennale de Venise, Venise, 2003

_All things fall and are build again, Liverpool Biennial, Liverpool, 2002
_Pusan Biennial, Metropolitan Art Museum, Pusan (Corée), 2002
_Dokumenta 11, Kassel, Ostfildern-Ruit, Hatje Cantz, 2002
_Le Prix Marcel Duchamp 2002, Centre Pompidou, Paris, ADIAF, 2002
_Screen Memories, Contemporary Art Center, Mito (Japon), Art Tower Mito, 2002

_A World within a Space, Kunsthalle, Zurich, Cage Éditions, 2001
_Egofugal, 7th Biennal of Art to open in Istanbul, Istanbul Foundation for culture and arts, Istanbul, 2001
_Megawave – Towards a New Synthesis, International Triennale of Contemporary Art, Yokohama (Japon), 2001

_City Vision Screens, Séoul, Media-city Seoul, 2000
_Elysian Fields, Paris, Centre Pompidou/Purple Books, 2000
_Présumés innocents. L'art contemporain et l'enfance, CAPC-musée d'Art contemporain, Bordeaux, Paris, Réunion des musées nationaux, 2000
_Voilà. Le monde dans la tête, ARC-musée d'Art moderne de la Ville de Paris, Paris, Paris musées, 2000
_What If. Art on the Verge of Architecture and Design,

Moderna Museet, Stockholm, 2000
_Xn00, Espace des arts, Châlon-sur-Saône, 2000

_Alfred Nemeczek, Das Bild der Kunst. 20 Jahre art Das Kunstmagazin, Cologne, DuMont, 1999
_Cities on the Move : urban chaos and global change. East Asian Art, Architecture and Film now, Londres, Hayward Gallery, 1999
_La Biennale di Venezia : Dapertutto, Venise, Marsilio, 1999

_Berlin, Berlin, Berlin Biennale, Berlin, 1998
_Dominique Gonzalez-Foerster, Pierre Huyghe, Philippe Parreno, ARC-musée d'Art moderne de la Ville de Paris, Paris, Paris musées, 1998
_La Sphère de l'intime – Le Printemps de Cahors, photographies et arts visuels, Arles, Actes Sud, 1998
_Manifesta 2, Biennale européenne d'art contemporain, Casino-Forum d'art contemporain, Luxembourg, 1998
_Premises : Invested spaces in visual arts, architecture and design from France, 1958-1998, Guggenheim Museum, New York, 1998

_Niemandsland, Museum Haus Lange und Haus Esters, Krefeld, 1997

_Collezionismo a Torino, Castello di Rivoli, Turin, 1996
_Nicolas Bourriaud, Traffic, CAPC-musée d'Art contemporain, Bordeaux, 1996

_Collection, fin XXᵉ, FRAC Poitou-Charentes, Angoulême, 1995

_Peter Friedl, *Hotel Mama – Aperto'95*, Kunstraum, Vienne, 1995

_Angeline Scherf et Laurence Bossé, *L'Hiver de l'amour bis. Dominique Gonzalez-Foerster, Bernard Joisten, Jean-Luc Vilmouth et Olivier Zahm*, ARC-musée d'Art moderne de la Ville de Paris, Paris, Paris musées, 1994
_Barbara Polla et Gianni Romano, *Dominique Gonzalez-Foerster, Eva Marisaldi*, Galerie Analix, Genève, Art Studio Milan, Milan, 1994
_Barbara Polla et Gianni Romano, *Rien à signaler*, Galerie Analix, Genève, 1994
_Giorgio Verzotti et Francesca Pasini, *Soggetto-soggetto*, Castello di Rivoli, Turin, 1994
_Joshua Dexter, *Don't look now*, Thread Waxing Space, New York, 1994

_*Backstage*, Kunstmuseum, Lucerne, Kunstverein, Hambourg, 1993
_*Comme rien d'autre que des rencontres*, Museum van Hedendaagse Kunst (MUHKA), Anvers, 1993
_Marco Cingolani et Massimo Kaufmann, *Documentario 2*, Spazio Opos, Milan, 1993
_*Project unité*, Firminy, Unité Firminy, 1993
_*XLV. Esposizione internazionale d'arte*, Biennale de Venise, Venise, 1993

_Andrea Schlieker et Henry Bond, *Exhibit A – Eight artists from Europe and America*, Serpentine Gallery, Londres, 1992
_Carolyn Christov-Bakargiev et Ludico Pratresi, *Molteplici culture*, Convento di Sant Edigio, Rome, 1992

_*Dirty Data – Sammlung Schürmann*, Ludwig Forum für Internationale Kunst, Aix-la-Chapelle, 1992
_*Huitièmes Ateliers internationaux des pays de la Loire*, FRAC Pays de la Loire, La Garenne Lemot/Gétigné, 1992
_*Le Dimanche de la vie*, Galleria Giò Marconi, Milan, 1992
_Gianni Romano, *Twenty Fragile Pieces*, Galerie Analix – B&L Polla, Genève/Carouge, Milan, Art Edizioni, 1992
_*Through the Viewfinder*, Amsterdam, Stichting De Appel, 1992

_*Gullivers Reisen/Gulliver's travels*, Galerie Sophia Ungers, Cologne, 1991
_*L'Esprit bibliothèque*, Paris, Éditions Belle Haleine/Galerie du mois, 1991
_*No Man's Time*, villa Arson, Nice, 1991
_*Parcours privés 91*, Le Magasin-centre national d'Art contemporain, Grenoble, 1991
_*Plastic Fantastic Lover*, Blum Helman Warehouse, New York, 1991
_*Topographie II : Untergrund*, Wiener Festwochen, Vienne, 1991

_*Au commencement*, Centre d'art contemporain, Forges royales de la Chaussade, Guérigny, 1990
_*Courts-métrages immobiles*, Paris, AFAA, 1990
_*French Kiss*, Halle sud, Genève, 1990
_*Grenoble in Innsbruck*, galerie de l'Institut français d'Innsbruck, Innsbruck, 1990
_*No, Not that One, It's not a Chair*, Galerie 1900-2000, Paris, 1990

_*The Köln Show*, neuf galeries (Buchholz, Capitain, Grunert, Hetzler, Jablonka, Kacprzak, Schipper, Sprüth, Ungers), Cologne, 1990
_*XLIV. Artistique*, Biennale de Venise, Le Prigioni, Venise, 1990

_*De l'instabilité*, Centre national des arts plastiques, Paris, 1989
_Jérôme Sans, *Fictions*, LGE et Galerie Aubes 3935, Montréal, 1989

_*Villa Redenta 2*, Festival Mondi Due, Spolète, 1988

_*In de Lege Ruimte*, galerie De Lege Ruimte, Bruges, École des beaux-arts, Grenoble, 1987

TEXTES ET PROJETS DANS DES REVUES
Dominique Gonzalez-Foerster est fondatrice de *Permanent Food* avec Maurizio Cattelan. Par ailleurs, elle collabore régulièrement à *Purple*, Paris, éditeurs Elein Fleiss et Olivier Zahm, depuis 1992.

_« Toute une pile de livres », *Le Purple Journal*, n°ˢ 1 à 4, été 2004-printemps 2005
_« Surface », *Purple*, n°ˢ 7 à 15, printemps 2001-printemps/été 2003
_« Image-Image », *Purple*, n° 8, été 2001
_« Interview – questions », *Purple*, n° 3, été 1999
_« Vues d'exposition », *Purple*, n° 2, hiver 1998-1999
_*Purple Fashion*, n° 4, hiver 1998
_*Purple Fiction*, n° 3, 1997
_*Purple Fiction*, n° 1, juin 1995

_« La tentation biographique », *Purple Prose*, n° 1, automne 1992

_« Il mistero di Oberwald », *Paletten*, n° 224, janvier 1996
_« Calender », *Ell Topo, periodico d'artista anno IV*, n° 7, Brescia, Edizioni Nuovi Strumenti, 1995
_*Creative Camera*, n° 319, décembre 1991-janvier 1992
_« Cut it out, three projects curated by Benjamin Weil », *Frieze*, n° 4, avril-mai 1992
_« Roman feuilleton. Un morceau d'histoire blanche, 11ᵉ épisode », *Gazette, Samstag/Sonntag*, 16-17 novembre 1991
_« a », *Iskousstvo Kino*, juillet 1989, couverture
_« Ada En Ada », *Eau de Cologne*, n° 3, novembre 1989

ARTICLES DE PRESSE
_Hans Ulrich Obrist, « Dominique Gonzalez-Foerster. Plans to escape », *Flash Art*, n° 251, novembre-décembre 2006
_Lorena Tadorni, « Dominique Gonzalez-Foerster PAV – Parco d'Arte Vivente », *Arte e Vritica*, n° 48, octobre-décembre 2006
_Veronica Liotti, « Un quadrifoglio per il PAV », *Flash Art Italia*, n° 260, octobre-novembre 2006
_Jacques Rancière, « Dominique Gonzalez-Foerster. L'espace des possibles », *Art Press*, n° 327, octobre 2006, pp. 29-35
_Marcelo Rezende, « Uma artista inquieta e curiosa », *Bravo*, septembre 2006
_Jean-Max Colard, « Eden Parc », *Les Inrockuptibles*, n° 554, 11 juillet 2006
_Nelly Kaprielian, « Entretien avec Nicolas Ghesquière »,

Les Inrockuptibles, n° 554, juillet 2006, pp. 36-39
_Françoise-Marie Santucci et Olivier Wicker, « Boutiques microclimatisées », Libération, 30 juin 2006
_« Dominique Gonzalez-Foerster, 100 artistes », Beaux-Arts Magazine, hors-série, mai 2006, pp. 88-89

_Claire Staebler, « Dominique Gonzalez-Foerster », Remont Art Magazine, décembre 2005, pp. 50-51
_Daniel Birnbaum, « The Lay of the Land », Artforum, été 2005, pp. 270-274
_« Cast away », Art Review, n° 3, août 2005, pp. 64-67
_« Art cinétique : La sortie du purgatoire/Op Art past and present », Art Press, n° 314, juillet-août 2005, pp. 24-33
_Roos Gortzak, « Tropical Abstraction », Stedelijk Museum Bureau Amsterdam, n° 87, juillet-août 2005
_« Dreamer's House », Art and Auction, n° 9, mai 2005, pp. 76-82
_Philippe Azoury, « L'essai transformé, festival Côté court », Libération, 6 avril 2005
_Isabelle Regnier, « Le festival Némo rend hommage à la cinéaste plasticienne, Dominique Gonzalez-Foerster à la frontière des arts visuels », Le Monde, avril 2005
_Bernard Marcelis, « Dominique Gonzalez-Foerster », Art Press, n° 310, mars 2005, p. 74
_Manon de Boer et Phillip van den Bossche, « Manon de Boer en Brussel », Journal, Van Abbemuseum, n° 8, février-mai 2005
_JES, « "Ralentir vite" im Plateau Paris », Kunst-

Bulletin, n° 5, janvier-février 2005, p. 59
_Yasmine Youssi, « Urgent : prenez votre temps », Le Journal du dimanche, 23 janvier 2005
_Yoann Gourmel, « Playtime », Les Inrockuptibles, 19-25 janvier 2005
_Geneviève Breerette, « Le temps et l'espace servis sur le plateau », Le Monde, 8 janvier 2005

_Tom Kunst Nys, « Dominique Gonzalez-Foerster in deSingel te Antwerpen », Kunst-NU, n° 12, décembre 2004, pp. 22-27
_Hervé Gauville, « L'effet frein à plusieurs mains » (« Ralentir vite » au Plateau), Libération, 17 décembre 2004
_Eric Dahan, « "Ce qui arrive…" ou l'art du hasard », Libération, 14 décembre 2004
_Elisabeth Lebovici, « "Alphavilles ?" itinéraire bis », Libération, 4-5 décembre 2004
_Dries Van de Velde, « Dominique Gonzalez-Foerster – Alphavilles ?, itinéraire bis », De Witte Raaf, n° 112, novembre-décembre 2004, pp. 3-4
_Christine Veugen, « Atomic Park », De Huisarts, n° 713, 18 novembre 2004, p. 45
_Lars Kwakkenbos, « Zoals een zon die ondergaat », De Standaard, 5 novembre 2004
_Anne Bonnin, « Dominique Gonzalez-Foerster », Art Press, n° 305, octobre 2004, p. 74
_Jan Braet, « Een sneeuwbeer in Afrika », In Beeld, octobre 2004
_Moritz Küng, « Tropicalisation ! », Newspaper Jan Mot, n° 44, octobre 2004, pp. 1-2
_Anne-Marie Poels, « Alphavilles ? – Dominique

Gonzalez-Foerster », Zone 03, 27 octobre 2004
_« Kunst integreren in omgeving is niet makkelijk, Daniel Buren in Leuvens park, Dominique Gonzalez-Foerster in Antwerpse De Singel », De Tijd, 20 octobre 2004
_Luk Lambrecht, « Dominque Gonzalez-Foerster in Desingel, Als een virus tussen grijs beton », De Morgen, 20 octobre 2004
_« Alphavilles ? Dominique Gonzalez-Foerster », De Singel, City Magazine Antwerpen, 27 septembre 2004
_Pedro Luis, « Les mots d'eux », Isère, 17 septembre 2004
_« Kunsthalle Zurich », Zuritipp, 5 août 2004
_Dominique Von Burg, « Kräfte, die sich auflösen », Zürichsee Zeitung, 16 juillet 2004
_« Kunsthalle Zurich : Dominique Gonzalez-Foerster », Basler Zeitung, 3-4 juillet 2004
_Barbara Basting, « Karge Assoziationsräume einer Weltenbummlerin », Tages-Anzeiger, 2 juillet 2004
_Bernard Blistène, « Entracte », L'Œil, n° 559, juin 2004, pp. 94-99
_« Dominique Gonzalez-Foerster, Multiverse », NZZ am Sonntag, 27 juin 2004
_Niklaus Oberholzer, « Schau der extremen Konzentration auf beinahe nichts », Neue Luzerner Zeitung, 21 juin 2004
_« Kunsthalle Zurich, Dominique Gonzalez-Foerster "Multiverse" », Praxis, 16 juin 2004
_Philip Meier, « Raum der Imagination : Dominique Gonzalez-Foerster in Zürich », Neue Zürcher Zeitung, 15 juin 2004

_Géraldine Sarratia, « Bashung, tournée 2003-2004 », Les Inrockuptibles, 12-18 juin 2004
_Laurent Rigoulet, « Bashung, tournée 2003-2004 », Télérama, n° 2839, 12-18 juin 2004
_« Sélection DVD, Les métamorphoses d'Alain Bashung », Le Monde, 11 juin 2004
_« Ausstellung, Mit Raumgefulh », Annabelle, 26 mai 2004
_Pieter Van Bogaert, « Kijken als een vreemdeling in een stad. Manon de Boer toont "haar" Brussel in Eindhoven », De Tijd, 6 avril 2004
_Isabelle Regnier, « Pot-pourri de "nouvelles images" au festival Némo », Le Monde, 13 mars 2004
_« Ange Leccia et Dominique Gonzalez-Foerster », Aden, 10-16 mars 2004
_Anne Lombard, « Balenciaga. Un climat de science-fiction », Lux. La revue de l'éclairage, n° 226, janvier-février 2004, pp. 23-24
_« "Alphavilles ?" verlangen naar tropische plekken », Architectenkrant, n° 10, 2004, pp. 5-6
_Ariane Beyn, Elena Filipovic et Swantje Grundler, « Utopia Station. Hauskunst », Haus der Kunst, 2004, p. 27

_Martin Herbert, « Best of 2003 : 11 Top Tens », Artforum International, n° 42, 4 décembre 2003, p. 134
_Shonquis Moreno, « The Fine Art of Consumption, Asymptote, Dominique Gonzalez-Foerster, New York », Frame, n° 35, novembre-décembre 2003, pp. 60-71
_Daniel Birnbaum, « L'art de Dominique Gonzalez-Foerster »,

_*Artforum,* novembre 2003, pp. 168-173
_Gilles Renault, « Bashung reprend son baluchon », *Libération,* 24 novembre 2003
_Marc Besse, « After show Alain Bashung », *Les Inrockuptibles,* octobre 2003, pp. 13 et 17
_Tom Morton, « On the waterfront », *Frieze,* n° 78, octobre 2003, pp. 112-115
_Gilles Renault, « Bashung, scène et sauf », *Libération,* 11-12 octobre 2003
_« Un autre monde », *L'Officiel de la couture et de la mode à Paris,* août 2003
_François Piron, « Le script invisible », *Trouble,* n° 3, printemps-été 2003, pp. 26-33
_« Focus on filmmakers and artists », *Internationale Film Festival Rotterdam 2003,* mars 2003, p. 4
_Philippe Azoury, « Il court, il court, le furet cinéma », *Cahiers du cinéma,* mars 2003, p. 70
_Robert Murphy, « Out of Bounds », *WWD,* 20 mars 2003, p. 20
_Anamaria Wilson, « Takes New York, Balenciaga », *WWD,* 14 février 2003, p. 11
_Rutger Pontzen, « Dolend », *de Volkskrant,* 16 janvier 2003, p. 20
_A.C.C, « Français qui vont compter en 2003. Les artistes, Dominique Gonzalez-Foerster », *L'Express,* 2 janvier 2003, p. 51
_Jan Verwoert, « Modern Future Past Park. On "A Plan for Escape" by Dominique Gonzalez-Foerster », *Afterall,* n° 8, 2003, pp. 45-52
_Alexis Vaillant, « The multifaceted cinema of Dominique Gonzalez-Foerster », *Afterall,* n° 8, 2003, pp. 53-60

_Ewa Izabela Nowak, « Dualizm Przestrzeni », *Arteon,* n° 8, 2003, pp. 18-21
_Pierre Tillet, « Dominique Gonzalez-Foerster, invitée de la prochaine Biennale d'art contemporain. Bienvenue à ce que vous croyez voir », *Lyon Capitale,* n° 436, 2003, p. 25

_B.R., « Vacances rétiniennes. Dominique Gonzalez-Foerster vous offre un départ-minute à Beaubourg », *Technikart,* n° 68, décembre 2002
_Daniel Birnbaum, « Dokumenta 11 (x2) », *Artforum,* XLI, n° 4, décembre 2002
_Anaïd Demir, « Dominique Gonzalez-Foerster. Passeport pour l'espace », *L'Œil,* novembre 2002, pp. 38-39
_« Dominique Gonzalez-Foerster touche le jackpot », *Nova Magazine,* n° 95, novembre 2002
_France Huser, « Dominique Gonzalez-Foerster », *L'Officiel,* novembre 2002
_Olivier Joyard et Jean-Marc Lalanne, « Christophe : La route des mots de Dominique Gonzalez-Foerster et Ange Leccia », *Cahiers du cinéma,* n° 573, novembre 2002, p. 24
_« Passeport pour l'illusion, Exotourisme », *Zurban,* 20 novembre 2002, p. 97
_Nicholas Le Quesne, « Let the Arguments Begin », *Time,* 11 novembre 2002, p. 65
_Damien Sausset, « Dominique Gonzalez-Foerster. Mon atelier c'est la ville ! », *Connaissance des arts,* n° 598, octobre 2002, pp. 52-57
_Emmanuelle Lequeux, « 2002. Leur odyssée du désir », *Le Monde,* suppl. *Aden,* n° 223, octobre 2002

_Annick Colonna-Césari, « Prix Marcel Duchamp », *L'Express, Le magazine,* 24 octobre 2002, p. 23
_Jean-Max Colard, « 2002 : l'odyssée de l'espace », *Les Inrockuptibles,* 23-29 octobre 2002, pp. 76-77
_Fabienne Fulchéri, « Hors Champs », *Numéro,* septembre 2002, pp. 40-41
_« Dominique Gonzalez-Foerster », *Kunstforum International,* août-octobre 2002, pp. 348-351
_Christian Merlhiot, « Tout est possible », *La Lettre du cinéma,* n° 19, juillet-août-septembre 2002
_Hans Ulrich Obrist, « Interview with Dominique Gonzalez-Foerster », *Tema Celeste,* n° 92 (numéro spécial Dokumenta 11), août 2002, pp. 48-51
_Martin Bethenod, « Parc Central », *Vogue,* août 2002, pp. 192-196
_« Gilles Fuchs, président de l'ADIAF », *Un, Deux... Quatre, arts & cultures,* n° 207, juillet-septembre 2002, pp. 7-11
_Axel Sowa, « Parc, plan d'évasion. Dominique Gonzalez-Foerster », *L'Architecture d'aujourd'hui,* juillet-août 2002, pp. 104-105
_Fabian Stech, « Zimmer mit Aussicht », *Kunstforum,* n° 159, avril-mai 2002, pp. 270-283
_Olivier Joyard et Jean-Marc Lalanne, « Un îlot de beauté », *Cahiers du cinéma,* n° 567, avril 2002, p. 27
_« Prix Marcel Duchamp : les nominés », *L'Œil,* n° 535, avril 2002, pp. 70-71
_Annick Colonna-Césari, « Voyages dans l'espace », *L'Express,* 11 avril 2002, p. 75
_Thomas Erber, « L'instant magique », *Jalouse,* n° 48, mars 2002

_Eva Karcher, « Lautes Lachen über dem Abgrund », *Artinvestor,* février 2002, pp. 21-24
_Peter Guth, « Jeder inszeniert sich selbst », *Frankfurter Allgemeine Zeitung,* 2 février 2002
_« Chambres avec âme », *France,* 2002, p. 167

_Daniel Birnbaum, « Dominique Gonzalez-Foerster », *Artforum,* XL, n° 4, décembre 2001
_Ahu Antmen, « Istanbul Biennial », *Flash Art,* n° 221, novembre-décembre 2001, p. 91
_Cecilia Cotrim, « Dominique Gonzalez-Foerster », *Jornal capacete Planet,* n° 2, novembre-décembre 2001, pp. 7-8
_Martin Bethenod, « Gonzalez-Foerster/ Cinémazone », *Connaissance des arts,* n° 588, novembre 2001, p. 40
_Soline Delos, « Trois artistes très contemporains », *Elle France,* n° 2910, 8 octobre 2001, p. 156
_Jean Attali, « Le degré zéro de l'architecture », *L'Architecture d'aujourd'hui,* n° 336, septembre-octobre 2001, pp. 64-69
_Philipp Meier, « Einübung ins Zur-Welt-Kommen : Raumwelten in der Kunsthalle », *Neue Züricher Zeitung,* 24 septembre 2001
_« Dominique Gonzalez-Foerster. Ann Lee in Anzen Zone Schipper and Krome ; "Riyo", "Central", Portikus, Frankfurt », *Kunstforum International,* n° 156, août-octobre 2001, pp. 354-355
_Philippe Mathonnet, « À Zurich, six artistes ont créé un monde dans une chambre,

reflet de leur univers »,
Le Temps, 28 août 2001
_Jörg Heiser, « Ufos im
Topkapi-Serail », *Süddeutsche
Zeitung,* n° 220, 24 août 2001
_Frédérique Deschamps,
« Bonne nouvelle pour le
7ᵉ art », *Libération,* 26 juillet
2001
_Elisabeth Lebovici,
« Décoller à Dijon »,
Libération, 17 juillet 2001
_Erwan Higuinan, « De la
Quinzaine considérée comme
un festival en soi », *Cahiers
du cinéma,* juin 2001
_Jean-Max Colard, « Mission
to Mars », *Les Inrockuptibles,*
26 juin 2001, pp. 56-57
_G.N., « Verkrampfter Telefon-
Flirt im Kinoflair der fünfziger
Jahre », *Frankfurter Neue
Presse,* 18 juin 2001
_Konstanze Grüwell,
« Morgenlicht in der Bucht
von Hongkong », *Frankfurter
Allgemeine Zeitung,* 1ᵉʳ juin
2001
_Sandra Danicke, « Gefühle
im Hafen », *Frankfurter
Rundschau,* 1ᵉʳ juin 2001
_« Ombres chinoises »,
Libération, 12-13 mai 2001
_Anne Pontégnie, « Dominique
Gonzalez-Foerster. Galerie
Jan Mot (review) », *Artforum,*
avril 2001, p. 149
_Catherine Francblin,
« Dominique Gonzalez-
Foerster. Fragments du
futur », *Art Press,* n° 267,
avril 2001, pp. 29-33
_« Dominique Gonzalez-
Foerster. Neohorizon. The
Centre, Glasgow », *Make, the
magazine of women's art,* n° 91,
mars-mai 2001, pp. 37-38
_F.C., « Ann Lee in Anzen
Zone », *Modzik,* février 2001,
p. 33
_Marie Lechner, « Ann Lee,
en sécurité », *Libération,*
23 février 2001

_Emmanuelle Lequeux,
« Qu'est-ce qui fait tourner
Dominique Gonzalez-
Foerster ? », *Le Monde,*
suppl. *Aden,* n° 149,
30 janvier-6 février 2001
_Angelika Heinick, « Die
Geheimnisse der rue Louise
Weiss », *Frankfurter
Allgemeine Zeitung,* 27 janvier
2001
_« Galeries, Ann Lee in Anzen
Zone, de Dominique Gonzalez
Foerster », *Le Monde,*
suppl. *Aden,* n° 148,
23-29 janvier 2001
_Jade Lindgaard, « La
métamorphose », *Les
Inrockuptibles,* n° 274,
23-29 janvier 2001, p. 18
_Daniel Birnbaum, « Vom
White Cube bis Super-
Houston », *Parkett,* n° 63,
2001, pp. 187-190
_Papus Von Saenger,
« Tropico concreto », *Pablo
International,* 2001, pp. 73-78

_Rob Tufnell, « Vivre sa vie.
Dominique Gonzalez-Foerster
– "Nowhere (Notes in advance
of Dominique Gonzalez-
Foerster's Neo-Horizon)" »,
The Center, 15 novembre 2000
_Karine Vonna,
« Contaminations »,
Mouvement, n° 10, octobre-
décembre 2000, pp. 62-65
_Jean-Christophe Royoux,
« Cinéma d'exposition :
l'espacement de la durée »,
Art Press, n° 262, octobre
2000, pp. 36-41
_Jens Asthoff, « Ich ist ein
Alien », *Szene Hamburg,*
octobre 2000
_Nicole Büsing et Heiko Klaas,
« Wem gehört eigentlich die
Mona Lisa ? », *Kieler
Nachrichten,* 28 octobre 2000
_« Die Bilder denken Sie sich
jetzt bitte selbst dazu »,
Die Welt, 11 octobre 2000

_Nicole Büsing et Heiko
Klaas, « Der Künstler als
Produktpirat », *Neue
Osnabrücker Zeitung,*
11 octobre 2000
_Wolf Jahn, « Cineastische
Heldenkonstruktion »,
Hamburger Abendblatt,
9 octobre 2000
_Vincent Dieutre, « Éloge du
vibratile », *La Lettre du
cinéma,* n° 15,
septembre 2000
_Philippe Rahm, « L'invisible »,
Habiter, suppl. de *Le Temps,*
n° 13, 10 avril 2000
_« Dominique Gonzalez-
Foerster. All you can eat »,
La Lettre de Cologne, n° 11,
2000, p. 11
_Jenny Crowe, « Dominique
Gonzalez-Foerster », *Make
Issue,* n° 91, 2000, pp. 37-38
_Olivier Zahm, « L'expérience
intérieure », *Libération,*
suppl. *Style,* 2000
_Robert Fleck, « Dominique
Gonzalez-Foerster », *Art,* 2000

_Eric Troncy, « Chambre avec
vue », *Beaux-Arts Magazine,*
n° spécial « Qu'est-ce que
l'art aujourd'hui ? »,
décembre 1999, pp. 126-129
_Peter Herbstreuth,
« Dominique Gonzalez-
Foerster bei Schipper +
Krome », *Kunst-Bulletin,*
novembre 1999, p. 33
_« Gonzalez-Foerster joue au
vidéojockey à Saint-Gervais »,
Tribune de Genève,
13-14 novembre 1999
_Peter Herbstreuth, « Ortlose
Räume », *Der Tagesspiegel,*
30 octobre 1999
_Sylvia Alberton, « Passage
dans un immense paysage.
Rendez-vous avec Dominique
Gonzalez-Foerster », *Faces,*
n° 46, été 1999, pp. 56-59
_« Paris », *Art Papers,* n° 4,
juillet-août 1999, pp. 60-61

_« Pierre Huyghe, Philippe
Parreno, Dominique
Gonzalez-Foerster », *Art
Papers,* n° 3, mai-juin 1999,
p. 62
_Yan C., « Une nouvelle
sensation », *Jalouse,* n° 19,
avril 1999
_Nicola Jankovic, « Room
Service », *Crash,* mars 1999
_Edith Doove, « Serene
kamers », *De Standaard,*
24 février 1999
_Els Roelandt, « Every cloud
has a silver lining », *Tijd
Cultuur,* 17 février 1999
_« Dominique Gonzalez-
Foerster, Pierre Huyghe,
Philippe Parreno », *Art Press,*
n° 242, janvier 1999, pp. 84-86

_« Gonzalez-Foerster et
Huyghe et Parreno », *Beaux-
Arts Magazine,* n° 174,
novembre 1998, pp. 46-51
_Jean-Max Colard, « Huyghe,
Gonzalez-Foerster, Parreno »,
Les Inrockuptibles,
novembre 1998
_« Dominique Gonzalez-
Foerster : 88:88 », *Kunstforum
International,* n° 141, juillet-
septembre 1998, pp. 360-361
_« Dominique Gonzalez-
Foerster, 88:88/Moment »,
Paradex, n° 0, juin 1998
_Jean-Max Colard, « Chambre
à part », *Les Inrockuptibles,*
n° 153, juin 1998, p. 67
_« Dominique Gonzalez-
Foerster 88:88 », *La Lettre de
Cologne – Kunstbulletin,* n° 6,
printemps 1998

_« Vanessa Beecroft,
Dominique Gonzalez-
Foerster », *New Art Examiner,*
25 octobre 1997, pp. 55-56
_Ralph Beil, « Moment Ginza
im Magasin », *Kunst Bulletin,*
septembre 1997
_Elisabeth Lebovici,
« Ambiance urbaine au

Magasin », *Libération,*
13 août 1997
_« Situation japonaise
à Grenoble », *L'Arca
international,* n° 15, juillet-
août 1997, p. 103
_James Scarborough,
« Dominique Gonzalez-
Foerster », *Art Press,* n° 225,
juin 1997, p. 66
_Virginia Whiles, « Moment
Ginza », *Art Monthly,* n° 207,
juin 1997, pp. 39-41
_« Moment Ginza », *Têtu,*
n° 14, mai 1997, p. 63
_Vincent Dieutre, « La
perfusion des sentiments »,
La Lettre du cinéma, n° 2,
mai 1997, pp. 88-89
_Sylvie Perrard, « Deux
expositions au Magasin »,
Le Dauphiné Libéré,
12 avril 1997
_Christian Redon, « Au
magasin, marchez dans la
rue », *Les Affiches de
Grenoble et du Dauphiné,*
n° 3788, 11 avril 1997
_Olivier Zahm, « Voyage au
bout », *Artforum,* février 1997,
pp. 36-37
_Asa Nacking, « If You Can I
Can », *Paletten,* 1997, pp. 12-13

_« Dominique Gonzalez-
Foerster », *De Witte Raaf,*
n° 64, novembre-décembre
1996, pp. 35-36
_« Île de beauté », *Artforum,*
septembre 1996, p. 36
_« Tip Galerie Schipper &
Krome », *Stadt Anzeiger,*
27 septembre 1996
_Elisabeth Lebovici, « L'artiste
montre son nombril sur
vidéo », *Libération,* 20 août
1996
_« Auch die Farbe schafft
Räume », *Westdeutsche
Zeitung,* 6 août 1996
_« Gespannt auf leere Räume
in der Villa », *Reinische Post,*
6 août 1996

_Luk Lambrecht, « Tussen
twee stoelen », *De Morgen,*
23 février 1996
_Jan Braet, « De muren
hebben oren, een kunstpro-
ject in de Dansaertstraat »,
Knack, 21 février 1996
_Jan Braet, « Brussels
sfeertje », *Weekend Knack,*
14 février 1996
_Paul Willemsen, « Brusselse
appartementsmuren breken
niet open », *De Standaard,*
14 février 1996

_Frédérique Boitel,
« Dominique Gonzalez-
Foerster », *Jardin des modes,*
hiver 1995-1996, p. 16
_Akiko Uchiyama, « Interview
with a key person : Dominique
Gonzalez-Foerster », *Gallery,*
janvier 1995

_Miki Miyataki, « Arcus leads
the way in patronage », *The
Japan Times,* décembre 1994
_Maria Le Mouellic,
« Gonzalez-Foerster : le
prestige du texte », *Beaux-Arts
Magazine,* septembre 1994
_Bert Steevensz, « Het
verhaal van de kleur, de kleur
van het verhaal. Hedendaagse
Franse Kunst In Nederland »,
suppl. du *Vrij Nederland,*
avril 1994
_Catherine van Houts,
« Verhalen van een interieur »,
Het Parool, avril 1994
_Martijn van Nieuwenhuyzen,
« Dominique Gonzalez-
Foerster – Installaties
Stedelijk Museum en Stedelijk
Museum Bureau Amsterdam »,
*Het Stedelijk Museum
Bulletin,* avril 1994
_Paul Depondt, « Stilleven
met bed stoelen en tafel »,
De Volkskrant, 15 avril 1994
_« Dominique Gonzalez-
Foerster », *Das Kunst Bulletin,*
n° 3, mars 1994

_Francesco Bonami,
« Unfair – Art Cologne –
Saatchi Collection », *Flash Art
International,* n° 174, janvier-
février 1994
_Karcher, Eva, « Die neunziger
Jahre : Künstler als
Forscher », *Art,* n° 7, 1994

_Robert Fleck, « Die Jungen
von Heute », *Art,* décembre
1993
_Von Inga Lemke, « Der Raum
wird zur Kunst », *Kölner
Stadtanzeiger,* n° 267,
16 novembre 1993
_Maiten Bouisset, « Carré
d'as dans les salles de l'Arc »,
Art Press, n° 179, avril 1993
_Pascaline Cuvelier, « Le Club
des quatre », *Libération,*
10 mars 1993
_Emmanuela De Cecco,
« Iconografia Sveviana »,
Flash Art Italia, n° 103,
février 1993
_Michel Nuridsany, « La vie
des arts », *Le Monde,*
26 janvier 1993
_Asa Nacking, « Kan du Kan
Jag », *Paletten,* 1993, pp. 9-10

_Hans Jörg Mettler, « Villa
Arson. Variationen zur
Dialektik zwichen
Provisorischem, Definitivem
und Wesentlichem », *Zyma,*
n° 5, novembre-décembre
1992
_Bernadette Bost, « À vous
et à moi – Barbara Kruger
"I Myself and Others" au
Magasin, Grenoble », *Le
Monde,* 2 octobre 1992
_Loredana Parmesani, « Più
vero del vero », *Flash Art,*
mai-juin 1992
_Isabelle Graw, « The
Daughter of a Taoist », *Texte
zur Kunst,* printemps 1992
_« "Cut out", three projects
curated by Benjamin Weil »,
Frieze, n° 4, avril-mai 1992

_Robert S. Silver, « Exhibit A »,
What's On, 27 avril 1992
_Benjamin Weil, « Dominique
Gonzalez-Foerster – A
Broken Interview », *Flash Art,*
n° 163, mars-avril 1992,
pp. 94-95
_Benjamin Weil, « Remarks on
Installations and changes in
Time Dimensions », *Flash Art,*
n° 162, janvier-février 1992,
pp. 104-109
_Michel Nuridsany,
« Ouvertures pour la jeune
création », *Le Figaro,*
janvier 1992
_Jason B. Flinn, « Cabinet de
Pulsions », *Tema Celeste,*
1992
_Kate Bush, « Exhibit A », *Art
Monthly,* 1992

_« Daughter of the Taoist »,
Creative Camera, n° 313,
décembre 1991-janvier 1992,
p. 3
_Eric Troncy, « No Man's
Time », *Flash Art,* n° 161,
novembre-décembre 1991
_N.N., « Ein Raum wie ein
Buch », *Kölner Stadtanzeiger,*
novembre 1991
_Roberta Smith, « Plastic
Fantastic Lover (Object A) »,
New York Times, 1ᵉʳ novembre
1991
_N.N., « Skann nicht verges-
sen », *Kölner Stadtanzeiger,*
19 avril 1991
_Olivier Zahm, « No, not that
one, it's not a chair », *Art
Press,* 1991
_Olivier Zahm, « Rêve,
Fantaisie », *Artforum,* 1991
_Eric Troncy, « DGF », *Le Petit
Journal de l'art,* 1991

_Eric Troncy, « French
Models », *Artscribe,*
septembre-octobre 1990
_Jutta Koether, « The mind of
a Mnemonist », *Artforum,*
septembre 1990

_Lieven Van den Abeele, « French Kiss », *Artefactum,* septembre 1990
_Liz Stirling, « Dominique Gonzalez-Foerster – Gabrielle Maubrie », *Art+Text,* mai 1990
_Nicolas Bourriaud, « Nouvelle Vague », *Beaux-Arts,* n° 78, avril 1990
_Nicolas Bourriaud, « Ozone », *Art Press,* n° 143, janvier 1990
_« Ein Raum wie ein Buch », *Kolner Stadt,* 1990

_Raphaël Bassan, « Vidéo : à chacun sa ligne », *Libération,* 4 décembre 1989
_Esther Schipper, « Dominique Gonzalez-Foerster, Jean-Pierre Nouet », *Iskousstvo,* juillet 1989
_Arielle Pelenc, « Dominique Gonzalez-Foerster », *Art Press,* mars 1989
_Eric Troncy, « Vers une écologie du regard », *Halle Sud,* n° 4, 1989

Moment Dream House (pour Daisuke Miyatsu), 2000-2003, Tokyo

FRANCESCA GRASSI / **UN ESPACE DANS UN LIVRE...**
Concept et design Francesca Grassi, WT Arnhem/Paris, 2007

ANGELINE SCHERF /
L'ÎLE MUSÉE
PAGE 23 *The Moriya Room (396-A),* 1994, environnement, Arcus Project, Moriya (Japon)
PAGE 24 *Multiverse,* 2002, environnement, Casa Luis Barragán, Mexico
PAGE 25 *Une chambre en ville,* 1996, environnement, ARC-musée d'Art moderne de la Ville de Paris, Paris
PAGE 26 *Séance de Shadow II,* 1998, environnement, ARC-musée d'Art moderne de la Ville de Paris, Paris
PAGE 27 *Repulse Bay,* 1999, environnement, galerie Jennifer Flay, Paris
PAGE 28 *Tropicale Modernité (Double Happiness),* 1999 (avec Jens Hoffmann), environement (détail) Fundació Mies van der Rohe, Barcelone
PAGE 29 *Park – Plan d'évasion,* 2002, environnement, Dokumenta 11, Kassel
PAGE 30 *Paris 1999/Parc central,* 2006, dvd, Anna Sanders Films/MK2

HANS ULRICH OBRIST, NICOLAS GHESQUIÈRE, DOMINIQUE GONZALEZ-FOERSTER / **TRIALOGUE**
PAGES 33, 34, 43, 44 Espace Balenciaga en chantier, Chelsea, New York, 2002-2003
PAGES 38, 39 *Joana Preiss/ Golden Curtain/Balenciaga (making of),* deSingel, Anvers, 2004

PHILIPPE RAHM / **AU PRÉSENT**
Toutes les images sont extraites de *Taipei 2000/ Parc central,* 2006, dvd, Anna Sanders Films/MK2, sauf page 2 images P. Rahm.

JEAN-MAX COLARD /
EXPANDED LITTÉRATURE
[Dominique Gonzalez-Foerster remercie les éditeurs pour la liberté qu'elle a pu prendre de substituer aux illustrations de certaines couvertures originelles des photographies de ses propres environnements. Les illustrations des pages 72, 75 et 78 sont des couvertures imaginaires.]
PAGE 65 *Tapis de lecture,* 2000, environnement, ARC-musée d'Art moderne de la Ville de Paris, Paris
PAGE 67 *Sans titre,* 1985, Academia di Brera, Milan
PAGE 68 *Le Mystère de la chambre jaune,* 1991, environnement, Esther Schipper, Berlin, *in* Gaston Leroux, *Le Mystère de la chambre jaune* [1907], Paris, Le livre de poche
PAGE 69 *À rebours/1993,* 1993, environnement, Kunstverein Hamburg, Hambourg, *in* J.-K. Huysmans, *À rebours* [1884], Paris, Flammarion, coll. « GF »
PAGE 70 *Séance de Shadow II,* 1998, environnement, ARC-musée d'Art moderne de la Ville de Paris, Paris, *in* Michel Butor, *La Modification* [1957], Paris, Minuit
PAGE 71 Jean Ricardou, *Le Nouveau Roman* [1973], Paris, Seuil, coll. « Écrivains de toujours »
PAGE 72 *Cosmodrome,* 2001 (avec Jay-Jay Johanson), environnement, Le Consortium, Dijon, *in* Nathalie Sarraute, *Le Planétarium*

PAGE 73 W. G. Sebald, *Les Anneaux de Saturne* [1995], Paris, Gallimard, coll. « Folio »
PAGE 74 *Atomic Park,* 2004, film 35 mm, Camera lucida productions/Anna Sanders Films, *in* Claude Ollier, *La Vie sur Epsilon* [1972], Paris, Flammarion
PAGE 75 *Multiverse,* 2002, environnement, Casa Luis Barragán, Mexico, *in* Jorge Luis Borges, *Fictions*
PAGE 76 *Park – Plan d'évasion,* 2002, environnement, Dokumenta 11, Kassel, *in* Adolfo Bioy Casares, *L'Invention de Morel* [1940], Paris, 10/18
PAGE 77 Adolfo Bioy Casares, *Plan d'évasion* [1945], Paris, 10/18
PAGE 78 *Central,* 2001, film 35 mm, Anna Sanders Films, *in* « Un roman dont vous êtes le héros »

LISETTE LAGNADO / **COUCHE ATMOSPHÉRIQUE**
PAGE 81 *Tapis de lecture,* 2000, environnement, ARC-musée d'Art moderne de la Ville de Paris, Paris
PAGES 82, 83 Delhi, Hong-Kong, *Alphavilles ?,* Dijon, Les presses du réel, 2004
PAGE 84 *Taipei 2000/Parc central,* 2006, dvd, Anna Sanders Films/MK2
PAGE 85 Parc Ibirapuera, São Paulo, 2006
PAGE 86 *Edificio Artigas,* São Paulo
PAGE 87 *Park – Plan d'évasion,* 2002, environnement, Dokumenta 11, Kassel
PAGES 88, 89, 91, 92, 93 *Double Terrain de jeu (pavillon, marquise),* 2006, parc Ibirapuera, 27e Biennale de São Paulo

DOMINIQUE GONZALEZ-FOERSTER / **EXPODROME**
PAGE 97 *Multiverse,* 2002, environnement, Casa Luis Barragán, Mexico
PAGE 98 Salvador de Bahia
PAGE 99 Dakar
PAGES 100, 101 Chennai
PAGE 102 La Havane
PAGE 103 *Brasilia Hall,* 1998, environnement, ARC-musée d'Art moderne de la Ville de Paris, Paris
PAGE 104 Chennai
PAGE 105 *Golden curtain, Alphavilles ?,* 2004, environnement, deSingel, Anvers
PAGE 106 *Intérieur/Musée,* 1994, environnement, Kunstmuseum, Lucerne
PAGE 107 Chennai
PAGE 108 *Blue Pond, Alphavilles ?,* 2004, environnement, deSingel, Anvers
PAGE 109 *Moment Ginza,* 1997, vue d'exposition, Färgfabriken, Stockholm
PAGE 110 *Bonne Nouvelle,* 2001, environnement, RATP, Paris

ANGE LECCIA / **LE SUPERFLU**
PAGES 129 À 135 Toutes les images sont extraites de *Christophe Olympia 2002* (avec Ange Leccia), dvd, 2002, AZ, un label Universal Music/Camera lucida productions
PAGES 136 À 144 Toutes les images sont extraites de *Bashung, La Tournée des grands espaces,* dvd, 2004, Camera lucida productions/Garance productions/Barclay, un label Universal Music

EXPODROME

DOMINIQUE GONZALEZ-FOERSTER & CIE

Musée d'Art moderne de la
Ville de Paris / ARC

DIRECTEUR
Fabrice Hergott

RESPONSABLE DE L'ARC
Laurence Bossé

COMMISSARIAT
Angeline Scherf
avec Émilie Renard

COORDINATION
Carmen Sokolenko
Emmanuel Chérubin

STAGIAIRES
Marie Bassano
Pénélope Ponchelet

SECRÉTARIAT GÉNÉRAL DU MUSÉE
Marie-Noëlle Carof

ADMINISTRATION
Martine Pasquet

PRESSE ET COMMUNICATION
Héloïse Le Carvennec

SERVICE ÉDUCATIF
Anne Montfort

AUDIOVISUEL
Patrick Broguière, Jacques
Clayeux, Martine Rousset,
Philippe Sasot

INSTALLATION
L'équipe technique du musée,
sous la direction de
Christian Anglionin
avec les ateliers
d'Ivry-sur-Seine

Exposition produite par
Paris musées

RESPONSABLE DU SECTEUR
EXPOSITIONS
Denis Caget

CHEF DE PROJET
Corinne Pignon

ATTACHÉE DE PRODUCTION
Éléonore Maisonabe

Ce catalogue a été publié à
l'occasion de l'exposition
« Expodrome. Dominique
Gonzalez-Foerster & Cie »
présentée au musée d'Art
moderne de la Ville de
Paris/ARC du 13 février
au 6 mai 2007

CONCEPTION ÉDITORIALE ET
DIRECTION ARTISTIQUE
Dominique Gonzalez-Foerster
et les auteurs pour leur cahier

CONCEPTION GRAPHIQUE
Ella Design

SUIVI ÉDITORIAL
Hélène Studievic

SECRÉTARIAT DE RÉDACTION
Julie Houis

DROITS ICONOGRAPHIQUES
Laurence Goupille

FABRICATION
Mara Mariano,
Saint-Véron Pompée

TRAITEMENT DES IMAGES
Bruno Scotti

TRADUCTION DU PORTUGAIS
Magali de Vitry

Nous tenons à adresser nos
remerciements très amicaux à
Dominique Gonzalez-Foerster
pour l'aventure qu'elle a su
créer autour de ce projet.

Que les prêteurs, qui ont
permis, par leur généreux
concours, l'organisation de
cette exposition, trouvent
ici l'expression de notre
reconnaissance :
Balenciaga, le Fonds national
d'art contemporain, Paris, le
musée d'Art contemporain,
Lyon et Esther Schipper, Berlin.

Nous nous joignons à
Dominique Gonzalez-Foerster
pour remercier tout
particulièrement ceux qui ont
collaboré à l'exposition :
Alain Bashung, Christophe,
Martial Galfione, Nicolas
Ghesquière, Jay-Jay
Johanson, Benoît Lalloz,
Christophe Van Huffel

_ceux qui ont permis sa
réalisation :
ACT Espace, Benoît Lalloz ;
Balenciaga, Nicolas
Ghesquière ; Camera lucida
productions, François Bertrand
et Fabien Mezzafonte ;
Garance productions,
Laurent Castanié ;
IEC, Véronique Audic

_ceux qui ont participé aux
séances de cinéma :
Fabien Danesi, Elein Fleiss,
Pierre Huyghe, Sébastien
Jamain, Emma Lavigne,
Ange Leccia, Charles de
Meaux, Jan Mot, Matthieu
Orléan, Philippe Parreno,
Philippe Rahm.

_les producteurs des films
de l'artiste :
Anna Sanders Films,
Camera lucida productions,

Garance productions, MK2,
Universal Music.

_ainsi que les auteurs et
contributeurs du catalogue :
Jean-Max Colard, Francesca
Grassi, Nicolas Ghesquière,
Lisette Lagnado, Ange
Leccia, Philippe Rahm,
Hans Ulrich Obrist, l'artiste
et spécialement Elein Fleiss.

Nous remercions également
les Amis du musée d'Art
moderne de la Ville de Paris.

Ce catalogue est dédié
à Suzanne Pagé.

CRÉDITS PHOTOGRAPHIQUES
© Marc Domage/Tutti : pp. 25,
26, 65, 81 ; André Morain : p. 72 ;
Philippe Rahm : p. 62 ;
Dominique Gonzalez-Foerster
© Adagp, Paris 2007 : pp. 23,
24, 27-30, 33, 34, 38, 39, 43, 44,
67, 82-89, 91-93, 97-110, 125
DROITS PATRIMONIAUX
Dominique Gonzalez-Foerster,
Ludwig Mies van der Rohe
© Adagp, Paris 2007 ; © 10/18,
Flammarion, Gallimard, Seuil ;
© Camera lucida productions,
MK2, Philippe Rahm, Anna
Sanders Films, Universal Music

PHOTOGRAVURE Fotimprim
IMPRESSION Re.Bus (Italie)
PAPIERS Munken Pure 1,13
150 gr / Bianco Offset 170 gr

© PARIS musées, 2007
Les musées de la Ville de Paris
28, rue Notre-Dame-des-
Victoires   75002 Paris

DIFFUSION/DISTRIBUTION
PARIS musées
ISBN 978-2-75960-000-7
Dépôt légal : février 2007
Achevé d'imprimer sur les
presses de l'imprimerie
Re.Bus (Italie) en janvier 2007

le superflu, c'est l'amour...

qui attrape des choses,

Moi, j'adore cette chanson… Finalement, je l'adore.

Moi, je ne finis jamais mes phrases.